코치학원교육총서

EXAMINATION FOR JAPANESE UNIVERSITY ADMISSION
FOR INTERNATIONAL STUDENTS

EJU

일본유학시험대비

실전트레이닝 모의고사

이과편 vol.1

POINT

1 | 일본어, 이과, 수학코스2
세트 × **2회**분

2 | 알기 쉬운 별책 해설로
취약분야를 **극복**

별책
정답과 해설
알기 쉬운 해설

3 | 리얼한 **실전형식** 으로
지금 자신의 실력을 알 수 있다!

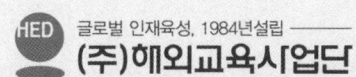 글로벌 인재육성, 1984년설립
(주)해외교육사업단

머 리 말

    일본유학시험(EJU)은 일본의 대학 등에 입학을 희망하는 외국인 유학생을 대상으로 하는 공통 시험입니다. 대학 등에서 필요로 하는 일본어 능력 및 각 과목의 기초학력을 평가하는 것을 목적으로 하고 통상 1년에 2회 실시됩니다.

    일본유학시험에서는 종합적인 고찰력과 사고력이 필요합니다. 또한 정해진 시간 안에 재빠르게 정답에 도달하기 위한 독해력과 판단력도 요구되는 데다가, 마크시트 형식이라고 하는 독특한 해답 형식에 익숙해질 필요도 있습니다. 이러한 시험에서 고득점을 받기 위해서는 일본유학시험과 동일한 경향·형식으로 출제된 양질의 문제를 많이 접하는 것이 효과적입니다.

    외국인 유학생을 위한 진학 예비교인 코치학원은 그동안 형식·내용·레벨에 대해 실제 시험에 가까운 모의고사 문제를 작성하여 일본 국내뿐만 아니라, 중국이나 한국에서도 「코치학원 전국 모의고사」로서 실시해 왔습니다. 이 책은 그 「전국 모의고사」 중, 「일본어」 「이과」 「수학 코스 2」 의 3과목을 【이과편】 으로서 편찬하고, 알기 쉬운 해설을 붙였습니다. 문제를 풀어 자신의 서투른 분야나 부족한 지식을 파악하고, 별책 해설을 읽어 문제 푸는 방법과 올바른 지식을 몸에 익힙시다. 또한 이 책의 권말에 있는 절취식 마크시트를 이용하여 마크시트에 대한 기입에도 익숙해 둡시다.

    실제 시험과 같은 형식으로 문제에 도전할 수 있는 이 책을 충분히 활용하여, 최대의 효과를 얻을 수 있기를 기대하고 있습니다.

2023년 1월

해외교육사업단

이 책에 대해서

이 책의 구조와 특징

1. 전국 모의고사 「일본어」 「이과」 「수학 코스 2」의 3과목 세트를 2회분 수록

일본유학시험과 같은 순서, 같은 제한 시간으로 풀어보고 적절한 시간 배분을 몸에 익힙시다.

2. 떼어낼 수 있는 해답 용지·마크시트 포함

절취선을 따라 떼어내면 실전과 같이 쓰거나 마크하는 연습을 할 수 있습니다.

※여러 번 연습하고 싶은 사람은 다음의 URL 또는 QR 코드에서 해답용지·마크시트 PDF를 다운로드 받아 이용할 수 있습니다.

http://www.hedgroup.co.kr/03_publish.php

일본유학시험과 같은 제한 시간으로 실제 시험과 동일하게 풀어봅시다.

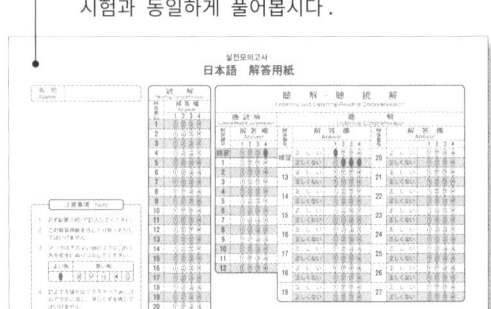

별책으로 된 해답해설이 깔끔하게 분리됩니다.

3. 분리 가능한 별책 「정답과 해설」

일본어나 이과에서는, 문제마다 오답의 선택지에 대해 그 선택지의 어디가 틀렸는지를 중심으로 알기 쉽게 해설하고 있습니다.

수학에서는 해답의 과정이나 적용하는 공식을 보여주고 있습니다.

또한 해설이 별책으로 되어 있어 문제와 대조하면서 확인하는데 매우 편리합니다.

「청해」 「청독해」의 음성 다운로드에 대해서

「청해」 「청독해」의 음성은 다음 URL 또는 QR 코드에서 다운로드 받아 사용해 주시기 바랍니다.

http://www.hedgroup.co.kr/03_publish.php

▶ 3 과목 공통

1. 해답은 해답용지(마크시트)의 해당하는 해답란에 연필(HB)로 기입합니다.

   ※일본어는「기술」도 있습니다. 기술의 해답은 기술용 해답용지에 기입합니다.

2. 마크 방법이 흐리거나 바르게 마크되어 있지 않거나 하면 채점되지 않습니다.

   연필로 확실하게 칠하고 수정하고 싶을 때는 그 마크를 플라스틱 지우개로 깨끗이 지워 주세요.

よい例	悪い例				
●	⊗	✔	⓪	◓	◯

3. 정해진 장소 이외에는 기입하지 마시고 시트를 더럽히지 않도록 합시다.

4. 실전과 마찬가지로 이름 칸에도 잊지 말고 기입합시다.

▶ 수학코스 2

1. 문제문 중의 A, B, C, …에는 각각 ―(마이너스 부호), 또는 0부터 9까지의 수가 하나씩 들어갑니다. 적절한 것을 골라 해답용지(마크시트)의 해당하는 해답란에 마크해 주세요.

2. 동일 문제문 중에 A , BC 등이 반복해서 나타나는 경우, 2번째 이후는 A , BC 와 같이 나타내고 있습니다.

3. 해답에 관한 기입 상의 주의

   ① 근호 ($\sqrt{}$) 안에 나타나는 자연수가 최소가 되는 형태로 답해 주세요.

   (예시 : $\sqrt{32}$ 일 때는 $2\sqrt{8}$ 이 아니라 $4\sqrt{2}$ 라고 답합니다.)

   ② 분수를 답할 때는 부호는 분수에 붙이고 기약분수 (reduced fraction) 로 답해 주세요.

   (예시 : $\frac{2}{8}$ 는 $\frac{1}{4}$, $-\frac{3}{\sqrt{6}}$ 는 $\frac{-\sqrt{6}}{2}$ 라고 답합니다.)

   ③ $\dfrac{\boxed{AB}\sqrt{\boxed{C}}}{\boxed{D}}$ 에 $\dfrac{-4\sqrt{2}}{3}$ 라고 답하는 경우에는 아래와 같이 마크해 주세요.

【해답용지】

A	●	⓪	①	②	③	④	⑤	⑥	⑦	⑧	⑨	
B	⊖	⓪	①	②	③	●	⑤	⑥	⑦	⑧	⑨	
C	⊖	①	●	③	④	⑤	⑥	⑦	⑧	⑨		
D	⊖	⓪	①	②	●	④	⑤	⑥	⑦	⑧	⑨	

일본유학시험의 출제과목 등

수험자는 수험을 희망하는 대학 등의 지정에 따라 다음 과목 중에서 선택하여 응시한다.

과 목	목 적	시 간	득점범위
일 본 어	일본의 대학에서 면학할 수 있는 일본어 능력(아카데믹·재패니즈)을 측정한다.	125분 〔 기술 30분 독해 40분 청해·청독해 55분 〕	독해 청해·청독해 0 ~ 400점 기술 0 ~ 50점
이 과	일본 대학의 이과계 학부에서 면학에 필요한 이과 (물리·화학·생물) 의 기초적인 학력을 측정한다.	80분	0 ~ 200점
종합과목	일본의 대학에서 면학에 필요한 문과계의 기초적인 학력 특히 사고력, 논리적 능력을 측정한다.	80분	0 ~ 200점
수 학	일본의 대학에서의 면학에 필요한 수학의 기초적인 학력을 측정한다.	80분	0 ~ 200점

【비고】

· 일본어과목은 「기술」「독해」「청해·청독해」의 3 영역으로 구성된다.

· 이과와 종합과목을 동시에 선택할 수 없다.

· 이과는 「물리」「화학」「생물」의 3 과목 중에서 2 과목을 선택한다.

· 수학과목에 관해서는 수험을 희망하는 대학 등에서 지정하는 바에 따라 문과계학부 및 수학을 필요로 하는 정도가 비교적 적은 이과계 학부의 수험자는 「코스 1 」을 선택한다.

· 상기의 득점 범위는 일본어의 「기술」을 제외하고 배점방식이 아닌, 공통의 척도 상에서 표시한다. 또한 「기술」에 대해서는 기준에 근거하여 채점한다.

목   차

머리말 ·· 3

이 책에 대해서 ································ 4

일본유학시험의 출제과목 등 ············· 6

실전모의고사 제 1 회

일본어 ·· 11

   기술문제 ···································· 13

   독해문제 ···································· 17

   청독해문제 ································· 45

   청해문제 ···································· 59

이과 ··· 63

수학코스 2 ·································· 111

실전모의고사 제 2 회

일본어 ··· 129

   기술문제 ·································· 131

   독해문제 ·································· 135

   청독해문제 ······························· 163

   청해문제 ·································· 177

이과 ··· 181

수학코스 2 ·································· 225

■ 해답용지 ■

일본어 기술용해답용지 ················· 241

일본어 마크시트 ························· 243

이과 마크시트 ···························· 245

수학코스 2 마크시트 ···················· 247

실전모의고사
제 1 회

실전모의고사 제1회

日 本 語

１２５分

(注意)

1. 係員の許可なしに，部屋の外に出ることはできません。

2. 試験開始の合図があるまで，この問題冊子の中を見ないでください。

3. 試験開始の合図があったら，下の欄に，受験番号と名前を記入してください。

4. 各部分の解答は，指示にしたがって始めてください。指示されていない部分を開いてはいけません。

5. 足りないページがあったら，手をあげて知らせてください。

6. メモなどを書く場合は，問題冊子に書いてください。

7. 記述の解答は，記述用解答用紙に日本語で書いてください。読解・聴読解・聴解の解答は，解答用紙（マークシート）の解答欄に鉛筆（HB）でマークし，訂正したいマークは消しゴムできれいに消してください。

8. 読解・聴読解・聴解の問題は，問題文に 1 ， 2 ， 3 ，…がついています。その番号と同じ解答用紙（マークシート）の解答欄にマークしてください。

※試験開始の合図後に，必ず受験番号と名前を記入してください。

受験番号	名　前

記述問題
説明

　　記述問題は，二つのテーマのうち，<u>どちらか一つ</u>を選んで，記述用解答用紙に書いてください。

　　解答用紙の<u>**テーマの番号**</u>を○で囲んでください。

　　文章は横書きで書いてください。

　　解答用紙の裏（何も印刷されていない面）には，何も書かないでください。

記述問題

以下の二つのテーマのうち，どちらか一つを選んで400〜500字程度で書いてください（句読点を含む）。

1　自然の価値が再発見されるにつれ，自然が美しいことで有名な場所を訪れる観光客が増えています。

　自然が美しい場所が，有名な観光地になって，多くの人が訪れるようになると，どんなことが起こるでしょうか。良い点と悪い点の両方に触れながら，あなたの考えを述べなさい。

2　現在，社会では，学校に通わなくてもインターネットを使って勉強すればよいと考える人がいます。

　社会の中で，インターネットを使って勉強する方法がさらに普及すると，どんなことが起こるでしょうか。良い点と悪い点の両方に触れながら，あなたの考えを述べなさい。

問題冊子の表紙など，記述問題以外のページを書き写していると認められる場合は，0点になります。

― このページに問題はありません ―

読 解 問 題
説 明

読解問題は，問題冊子に書かれていることを読んで答えてください。

選択肢１，２，３，４の中から答えを一つだけ選び，読解の解答
欄にマークしてください。

I 筆者は「私ってハーブ大好き人間じゃないですか」のような言い方が，なぜ「腹立たしい」
と非難されたと言っていますか。

1

　現在はもう以前ほどではないが，一時期，「ほら，私ってハーブ大好き人間じゃないですか」
のような言い方が腹立たしいと*槍玉にあげられたことがある。「じゃないですか」は「ではない
か」という否定疑問の形式であり，否定疑問は肯定の返答を期待したり予想したりして発するの
が普通である。英語でも，否定疑問文は肯定の返答を期待するから勧誘の表現に使えるわけであ
る。

　肯定の表現が期待されているということは，否定の返答がしにくいということでもある。つま
り，その分自由度が低下するから，うらの願望（負のメンツ）が脅かされることになりやすい。
もちろん，肯定の答えが求められていたとしても，疑問文である以上，否定の返答をする権利は
確保されている。しかし，否定疑問文であっても，否定の返答のしやすさはさまざまである。

（加藤重広『その言い方が人を怒らせる――ことばの危機管理術』筑摩書房）

　＊槍玉にあげる：非難や攻撃の対象とすること。

１．自分のことであるのに客観的な表現をしているから
２．暗に，相手に肯定の答えを要求しているから
３．疑問文にすることで相手に判断をゆだねているから
４．否定疑問文という，難しい言い方をしているから

II　次のお知らせ内容と合っているものはどれですか。　　　　　　　　　　　　2

科学教室アルバイト募集

　○○市教育委員会主催で，小学5・6年生を対象とした科学教室を8月に実施します。これに伴い，大学生のアルバイトを募集します。

【勤務日程】
　8月4日（月）～8月8日（金）　午前10時～午後5時（休憩1時間）

【場所】
　市民ホール　2階　第2会議室

【応募要件】
　①大学生・大学院生（理系学科に所属する学生歓迎）
　②勤務日のうち，3日以上出勤できる方
　③募集人数は20名です。定員に達した場合，抽選とさせていただきます。

【申し込み】
　　○○市市民課に，電話またはメールでお申し込みください（7月18日（金）16時締切）。メールの場合「名前・大学名・学部学科名」を記載のこと。
　　アルバイトをお願いする方には，○○市市民課から案内を送付しますので，登録用紙に必要事項を記入し，学生証のコピーを添えて市民課までお送りください。

【給与】
　時給1000円。交通費は支給されませんのでご了承ください。

1．文系学部の学生は応募できない。

2．応募者全員に案内が送付される。

3．2日間だけ勤務することはできない。

4．開催日には学生証を持参する。

III 次の文章で，筆者は，仕事の楽しみを見つけるために大切なことは何だと考えていますか。

　僕は小さいときはペンキ屋になりたかった。…（略）…

　どうして，ペンキ塗りが好きなのか。それを考えなければならない。何が好きなのかを抽象化することが大切だ。ペンキの匂いとか，色とか，そういうものが好きなわけではない。こうして具体的なものを削ぎ落としていく。すると，ただ一人で黙々とする作業，その時間，その没頭が心地良い，とわかってくる。僕は最初に研究者になった。この仕事はまさに一人で黙々とする作業だった。ペンキ屋と非常に似ていた。おそらく「楽しさ」は同じものだっただろう。

　このように，自分の願望を掘り下げて，何故それが良いのか，と考え，楽しさの具体性を排除し抽象化すれば，ほかの職種でも同様の楽しみを味わえることが予想できる。そのものずばりに，具体的に拘ることはいかがかと思う。何故なら，同じ職種でも，いろいろな作業があるわけで，絶対に面白くない部分があるだろう。好きだという色眼鏡で見ているとそういう部分が見えない。見ないようにしてしまうかもしれない。

（森博嗣『自分探しと楽しさについて』集英社）

１．自分が何を楽しいと感じるのかを見極めること
２．仕事の，面白くない部分を見ないようにすること
３．一つの職に拘らずいろんな職種を経験してみること
４．具体的な作業ではなく抽象的で知的な労働をすること

IV　下線部「そこに大きな欺瞞があると思う」と筆者が考える理由として，最も適切なものはどれですか。　　　　　　　　　　　　　　　　　　　　　　　　　　　　 4

環境といったときに，多くの人は何となくクリーンとかエコという言葉と，「自然に返れ」みたいな理想を直結させるところがある。でも，もし自然に返れというのであれば，人間の工業的な活動とか経済活動は一切なくさないといけない。ボクは，そこに大きな欺瞞があると思う。

「自然に返る」ということなら，人間も原始的な生活に立ち返らないといけない。それも鉄砲とかは一切なし，ナイフもなし，鉄も使ってはいけない。つまり，一動物として野生の中で，ほかの動物たちと弱肉強食の世界で生きていくということになってしまう。もし，それをやろうという人がいたら，その人は逮捕して閉じ込めておかないとまずい。それこそ，環境という名のテロにほかならないからだ。

（竹内薫『なぜ「科学」はウソをつくのか──環境・エネルギー問題からDNA鑑定まで』祥伝社）

1．不可能ということを隠して理想を主張しているから
2．環境という名で社会を混乱させようとしているから
3．弱肉強食の世界の怖さを分かっていないから
4．理想が簡単に実現できると考えているから

V　筆者は，情報についてどのように言っていますか。　　　　　　5

　　情報発信の主導権はマス・メディアが握っているように思えても，マス・メディアは情報を加工し流通させるシステムに過ぎない。情報自体はあくまでも個人が発するものだ。

　　マス・メディアによって大量の情報が流布されるようになると，マス・メディアの扱わない情報や，流布される以前の情報が重要になる。たとえば，株式相場などを動かす情報でも，マス・メディアによって「表」に出る情報よりも，ひとの伝えるあやしげな「噂」であることの方が多い。「情報ネットワークよりもヒューマン・ネットワーク」ということばが，端的にその状況をいいあらわしている。

　　情報を発信できるひとは，それだけの「権威」があるひとだ。そして，「権威」あるひとのところには，いろいろな「お伺い」をたてるために，さまざまな情報が入ってくる。

　　　　　　　　　　　　（江下雅之『ネットワーク社会──パソコン通信が築くコミュニティ』丸善）

1．情報は発信するものに集まるようになっている。
2．情報発信の主導権はマス・メディアから個人に移行した。
3．情報は社会の権威者によって操作される。
4．情報は噂に興味を持つ人間の心理を利用すると得やすい。

VI　下線部「阻む要因」とは，何を阻む要因ですか。その内容として適当なものを選びなさい。

6

　札幌市で先日，自転車によるひき逃げがあり，警察が捜査していると報じられた。歩道で小学生がはねられ，足の骨が折れたという。

　少し前には川崎市で，左手にスマホ，右手に飲み物を持ちながら電動自転車に乗っていた女性が，歩行者にぶつかり死なせる事故もあった。自動車に比べれば弱い存在でも歩く人には脅威となる。背景にあるのは「自転車は車道を走る」という原則を守ることの難しさだろう。自転車専用のレーンがない，路上駐車が多く走りにくい……。阻む要因を一つ一つ改善していくしかない。ヘルメットの義務化など，車道を走る際の安全策も足りなくはないか。

（朝日新聞　天声人語　2018年4月16日）

１．歩きながらスマホを見ること
２．自転車が歩く人の脅威になること
３．ヘルメットをつけるのを義務化すること
４．自転車は車道を走るというルールを守ること

VII　次の文章で，筆者は，気分と考えをどのような関係で捉えるのがよいと言っていますか。

7

　気分を自分の「主人」にしてしまうと，ひじょうに不自由なことになる。気分のいい時はいいが，調子が悪くなってうつ気味になると，それがもう主人になって，自分を支配してしまうからたいへんだ。

　そしてひとたび「気分には勝てない」という気持ちの回路をつくってしまうと，切り換えができなくなる。こうなると「前向きに」と思っても，「気分がうつだから無理」となってしまって，気分が前向きな生き方を否定してしまうことになる。

　しかも気分というのは，ダメなほうへ，ダメなほうへと流れて行きがちだから，始末が悪い。周囲の状況がちょっと悪いと，気分はそれを上回って悪くなる。特に今のように，時代の空気が閉塞していると，よけいに落ち込んでしまう。

　そこでどうしたらいいかだが，私は若いころから意識して，「気分」と「考え」を分けるようにしている。ここで大切なのは考えるという作業を，気分よりも上に置くことである。

（齋藤孝『脱力系！　前向き思考法』筑摩書房）

1．気分＝考え
2．気分＞考え
3．気分＜考え
4．気分＋考え

VIII 次の文章の内容と合っているものはどれですか。 ⬜8

　私の子供のころを思い返してみると，科学というものに対するイメージは圧倒的に明るく，*『鉄腕アトム』の主題歌にあるように，まさに「心やさしい科学の子」が，「十万馬力」のパワーをもって，私たちの人生を後押ししてくれるものだと思っていました。科学への信頼は，大人も子供も含めて，とてもあつかったのです。

　…（略）…

　ただ，科学は決して本来的に善なのではなく，そのなかから，たとえば，原子力の研究を通じて原爆が作られたり，遺伝子の研究を通じてクローンがつくられたりするわけです。それらが私たちの生命や倫理，信仰や死生観にまで影響を与える以上，科学やその用い方を生活世界や社会のなかにしっかりと「着床」させ，専門分野を越えて集まった人びとの検討を経て，反省的な考察の仕組みを作っておく必要があるのです。

（姜尚中『続・悩む力』集英社）

　＊『鉄腕アトム』：科学の力を結集して作ったロボットが活躍するアニメ

１．本来の科学は，人類に危険な副産物を生み出してはならないものである。

２．科学は無条件に善ではなく，その利用法は社会で確認する必要がある。

３．かつての科学は，人類にとって明るい印象を与えるための努力をしてきた。

４．専門分野としての科学は，倫理や信仰とは分けて考えるべきである。

Ⅸ　下線部「これが実は雑然としていても重要な地盤になっています」と筆者が考えるのはなぜ
ですか。　　　　　　　　　　　　　　　　　　　　　　　　　　　　　　　　　 9

教育は，一つの立派な組織をもって子供に知識をつぎ込みます。又，受け取る方に少しでも受
け入れる気持があれば，そこから沢山の意見が生れて来ます。そのままでは意見としては役には
立たないようなものもありますが，しかしともかくも一つの考え方ができ上がります。これが実
は雑然としていても重要な地盤になっています。何故かと申しますと，そこから次の段階へと移っ
て，人間の思考作用が本格的に始められる途上で，それらの雑然とした意見が再検討されること
になるからです。その時に人は疑いを持つことになるのです。つまりそれまでは何の疑問もなく，
自分の意見として持っていたものが少しあやしくなり，そのままにしておく訳には行かなくなっ
たのですから，これを疑ってみることになります。疑ってみると，そこにそれまで気がつかずに
いた様々な矛盾が分ったり，まちがいに気がついたりするようになります。それですから，もし
この疑いという作用が人間になくて，何でも正しい真実のものだと思い込んでいたら，ただ矛盾
し合う意見がたまって行くばかりで，その人個人の発展もありませんし，社会全体の進歩もあり
ません。

(串田孫一『ものの考え方』学術出版会)

１．再考する過程で思考は磨かれ，個人や社会の進歩や発展につながるから
２．思考は整理せず，その時々の考え方として保存することに価値があるから
３．多くの人の意見が併存していることは，社会の進歩に役立つから
４．役に立たないにしても，組織化された教育によって生じた考え方だから

X　筆者の考えによれば，年寄りや長老の権威がなくなった結果，どのようなことが起こりますか。

10

　*その教育が今，崩壊の危機を迎えています。親のほうが昔のように何もかもを教えることができなくなってきているからなのです。たとえば今ではむしろ子供のほうが，最新の道具や電気機器の使い方を親に教えています。学校では先生が何かと生徒に聞き，会社では上司が新入社員に新しい情報を聞くようになっています。これでは年長者の権威が崩壊するのは当然でしょう。

　…（略）…

　これは結果的に人間という生物の秩序の崩壊につながります。

　…（略）…

　今，年寄りや長老に権威はほとんどありません。邪魔者扱いです。むしろそれを揶揄し馬鹿にすることも普通になってきました。その理由，原因はあまりにも広汎になり発展しすぎた経済活動にあるのです。しかも変化の速度が極端に速くなっているため年長者が知っていること，彼らの経験が必ずしも若者たちの役に立たないことが増えているからです。つまり人間が自分たちをもっと幸福にするために選びとった，本能の授受ではなく広義の社会教育によって世代を継続させるという形の生き方がうまく機能しなくなり出したということです。

（鈴木孝夫『しあわせ節電』文藝春秋）

　*その教育：筆者は直前の部分で「人間は教育によって生きる能力を身につけていく生き物である」と述べている。

１．経済活動が前代未聞のスピードで発展するようになる。

２．知識の伝承による世代の継続という秩序が崩れていく。

３．世代を超えて相互に知識を教え合う，本来あるべき教育が始まる。

４．人間が社会性を失い，本能のままに行動するようになる。

このページに問題はありません。
次のページに進んでください。

XI　次の文章を読んで後の問いに答えなさい。

　　現代ほど情報が溢_{あふ}れかえると，人々はいつの間にかその洪水の中で，息ができなくなっている。にもかかわらず自分では気がついていないという状況も同時に起こる。筆者は常々「情報をどう得るか」より，「情報をどう捨てるか」の方が，はるかに重要な時代になっていることをいろいろな媒体で書き，学生・生徒にも話をしてきた。まさに今はそんな時代なのである。

　　「情報をどう捨てるか」というのは，少々奇をてらった物言いである。言いたいことは「本当に必要な情報はごく一部であり，それをいつでも取り出せるような，自分なりのシステムを構築すべき」だということにすぎない。かつて筆者がある著作で「世の中のデータの半分以上はゴミだ」と書いた時，心の中で「本当は90％はゴミだ」と考えていた。その90％という比率は，この10年で増えこそすれ，減ってはいない。そして情報の絶対量だけは何倍にもなっている。

　　ゴミの仕分けができない人，捨てるべきものを捨てられない人の住環境はゴミだらけになる。かといってあとで必要になるものを捨ててしまってから後悔しても遅い。重要なことは自分に価値のあるものを見極める能力と，不要なものを切り捨てる勇気のみであるが，正直言ってこれが難しい。

（谷岡一郎『40歳からの知的生産術』筑摩書房）

問1　下線部「情報をどう捨てるか」という表現を，筆者はどういう意図で用いていると考えられますか。 11

1．わざと簡単な言い方をして，読者が理解しやすいようにしている。

2．わざとありふれた言い方をして，後の展開で読者を驚かせようとしている。

3．わざと本音と反対の言い方をして，読者の関心を引こうとしている。

4．わざと普通と異なる言い方をして，読者の興味を引き付けようとしている。

問2　筆者は，情報が溢れている現在，どうすることが必要だと言っていますか。 12

1．情報が増えすぎないように，社会全体で情報の絶対量を減らす。

2．いずれ必要になるときのために，情報は捨てずに保管する。

3．情報が自分に必要なものかを判断し，必要なものだけ保存する。

4．自分で判断して捨てた情報に関しては，後悔しない勇気を持つ。

XII　次の文章を読んで後の問いに答えなさい。

　　会社で，上司や先輩が後輩を叱るのは，ちゃんとした意味がある。単に本人だけを叱っている
わけではないのだ。

　　全体がたるんでいるとか，カツを入れる目的で誰かを叱ることがある。また，新人たちに自社
の電話対応のやり方を教えるために，誰かの応対のまずさをとらえて指摘することがある。一人
を叱ったからといって，叱られた人間だけの問題ではない。

　…（略）…

　　叱られたり，注意されるのは気持ちのよいものではない。人前でやられたら，屈辱感を感じる
だろう。だが，組織とは，個人と個人の感情のやり取りの場ではない。叱る側は組織人としての
立場から叱っている。

　　したがって，組織の一員になったからには，叱られるのも仕事のうちと心得ておかなくてはな
らない。有能な上司は見込みのある人間を選んで叱る傾向がある。だから，叱られたら「目をか
けられている」と思ってもいいのだ。

　　もちろん，そんなデキた上司ばかりではないだろう。なかには個人的な感情で叱る上司や先輩
もきっといるに違いない。しかし，叱るというのは，組織論的にはいま述べたような意味がある
のだから，その線で受け止めなければいけない。

（川北義則『「20代」でやっておきたいこと』三笠書房）

問1　下線部「目をかけられている」とはどういうことですか。 13

１．また同じような失敗をしないかどうかについて，上司から心配されている。

２．能力の低さから叱られているのではなく，むしろ将来有望であると見なされている。

３．手がかかるからこそ上司に気に入られ，よく面倒を見てもらっている。

４．普段から上司に叱られていることに関して同僚から注目されている。

問2　筆者は，人前で上司や先輩に叱られることを，どのように捉え，受け止めるべきだと述べていますか。 14

１．叱られることはむしろ感情の交流の実現であると，自信を持てばよい。

２．自分が失敗をして組織に迷惑をかけたのだから，深く反省するべきだ。

３．叱られるのは屈辱だが，組織で生きていくにはその屈辱に甘んじるしかない。

４．組織全体のための行為であり，自分にとっても前向きな意味のあるものである。

XIII　次の文章を読んで後の問いに答えなさい。

　民俗学者の長野晃子氏は『日本人はなぜいつも「申し訳ない」と思うのか』（草思社，2003）の中で，すぐに「私が悪かった」と謝り，自分を責める日本人の民族性について詳細な分析を加えている。

　本書によると，西洋などキリスト教文化圏では，罪というのは悪魔によってもたらされるものであり，それを告白して許しを乞う対象は自分の外部に存在する神様に対してだ。

　ところが，日本人は自分の外部に神とか悪魔といった超越的な存在を持たなかったので，どうしても罪も自分の中から出てくるし，それを償うためには自分でなんとかしなければならない，ということになる，というのは長野氏の民俗学的な説明である。

　長野氏は，この西洋と日本の違いは，民話の「怖い話」にもよく現れているという。西洋の怖い話は，理由もなく外から襲いかかってくる敵の攻撃に庶民がおののき，逃げまどうといった話が多い。ところが日本では，幽霊はその人の生前に悪いことをした人のところにのみ現れ，それを見た人は自分の犯した罪におびえ，良心の呵責にさいなまれ，結局は自分で自分を裁く話になっていることが多い。つまり，日本の「怖い話」は怪物や化け物の恐ろしさを描いたものではなく，（　A　）を描いたものになっているというのだ。

　　　　　　　　　　　　　（香山リカ『悪いのは私じゃない症候群』KKベストセラーズ）

問1　（　Ａ　）に入るものとして，最も適当なものはどれですか。　15

1．自分の犯した罪に自分で苦しむことの恐ろしさ

2．他人が犯した罪で自分が苦しむことの恐ろしさ

3．生前に犯した罪で死後に苦しむことの恐ろしさ

4．罪を神に裁かれ，自分が苦しむことの恐ろしさ

問2　筆者は，長野晃子氏の分析を紹介することによって，どういうことを説明しようとしていますか。　16

1．日本人はすぐ謝るが，相手に対して悪かったとは思っていないということ

2．日本人がすぐ謝るのは，超越的存在を持たないことに起因するということ

3．西洋人は，超越的存在を信じているため，すぐには謝らないということ

4．日本の「怖い話」には，怪物や化け物が描かれることは少ないということ

XIV　次の文章を読んで後の問いに答えなさい。

　学校などでも，実際の教育もさることながら，校風といったものによる*薫陶がなかなか大きな意味をもっている。何年間かそういう雰囲気にひたっていたもの同士には，ある共通の特性が認められて学閥といったものが生まれることになる。われわれは空気からは自由になることは難しい。怖るべきはそういった環境である。

　空気の中でもっとも強力なのは家庭であろう。もし，家族の雰囲気にわれわれの心を縛る何かがあれば，眠って忘れても効果がない。翌日も同じ家風という風が吹いている。まわりがわれわれの豹変を許さない。

　そういうとき，ある日，感ずるところがあって，断然，新しい生き方をしようと意を決したとしよう。他人はそんなことに関係がないから**風馬牛であるが，家族のものには影響が大きい。それは結構ですね，と笑ってばかりいないだろう。善意の干渉がおこる。家族だけでなく親しい友人や勤め先も同じようにわれわれの自由を拘束する。それが社会というものなのである。生きがいもそこから生まれてくるのだが，同時にそれがわれわれの生き方の制約にもなる。

　それで，本当に自由になるための最大の障害はもっとも親しい人たちだという悲しいパラドックスが成立する。真に自分の理想を追究するには，生存そのものの条件であるようなもろもろの絆をあえて断ち切らなくてはならなくなる。断ち切る。それが出家である。

（外山滋比古『知的創造のヒント』筑摩書房）

　＊薫陶：人の考え方や行動に影響を与えて教育すること
　＊＊風馬牛：自分とは無関係な態度をとること

問1　この文章の中で筆者は，「風」や「空気」をどのような意味で用いていますか。　　17

１．暗黙のうちに個人を規定する雰囲気

２．個人の生き方を方向付ける目標

３．社会の枠組みに縛られない自由の精神

４．共通の特性を持つ者から生まれる連帯感

問2　下線部「悲しいパラドックス」について，なぜ「悲しい」のですか。　　18

１．親しい人々の善意を否定することでしか，生きがいを感じられないから

２．自分を束縛する人々の意見を，善意として受け取らねばならないから

３．親しい人々が，自分の追究する理想を理解しようとしてくれないから

４．親しい人々の善意が，自分にとっては否定すべきものになるから

XV 次の文章を読んで後の問いに答えなさい。

　発達的に見れば，甘えの心理的原型は母子関係における乳児の心理に存するということはあまりに明らかである。以下この点について若干考察を加えると，生れたての乳児については，甘えているといわないことにまず注意しよう。大ていは生後一年の後半に，乳児が漸（ようや）く物心がつき，母親を求めるようになった時，はじめて「この子は甘えている」というのである。

　すなわち甘えとは，乳児の精神がある程度発達して，母親が自分とは別の存在であることを知覚した後に，その母親を求めることを指していう言葉である。いいかえれば甘え始めるまでは，乳児の精神生活はいわば胎児の延長で，＊母子未分化の状態にあると考えなければならない。しかし精神の発達とともに次第に自分と母親が別々の存在であることを知覚し，しかもその別の存在である母親が自分に欠くべからざるものであることを感じて母親に密着することを求めることが甘えであるということができるのである。

　ところでこの現象は洋の東西を問わず，原則としてすべての乳児に観察し得るはずのものである。なお人間の乳児に限らず，動物でも乳離れしない子は親につきまとうので，その意味で例えば「子犬が親犬に甘えている」といった表現を用いることも可能である。ただ人間の場合はこの種の行為の心理的内容が洞察され得ることが特徴的であるといわねばならぬが，殊に日本語で甘えという言葉が発明されたことは，この心理を大きくクローズ・アップすることに役立ったといえるであろう。すなわちこの概念を媒介として母親は乳児の心理を理解し，それにこたえることができるので，母子ともに＊＊渾然（こんぜん）とした一体感を楽しむことが可能となったのである。

（土居健郎『「甘え」の構造』弘文堂）

＊母子未分化：生まれたばかりの乳児は，母親と自分が別個の存在であるという意識はもっていない。この状態は生後六ヵ月頃まで続き，母子未分化と呼ばれる。

＊＊渾然：別々のものがとけ合って区別がない様子

問1　下線部「生れたての乳児については，甘えているといわない」のはなぜですか。　　19

　１．乳児は，甘えが生じるほど精神が発達していないから

　２．乳児が甘えるのは，本能的なもので当然だから

　３．乳児には，母乳をもらうという別の目的があるから

　４．母親が，乳児の甘えに気づいていないから

問2　本文の内容として適当なものはどれですか。　　20

　１．母子間に「甘え」があるのは日本において最も顕著である。

　２．動物には「甘え」という概念や行動は存在しない。

　３．「甘え」によって，母子は，母子分化後も一体感を楽しめる。

　４．「甘え」は，母子密着という危険な状態をもたらしている。

XVI　次の文章を読んで後の問いに答えなさい。

　　生を得てから，ひとは「喪失」の連続のなかを生きのび，そのたびに亡くしたものを補ってゆく。人生という「作品」の魅力は，死という決定的な喪失に出会うまでの失われゆく無垢と若さ，美貌，健康の「補完」のチャンスを縫い込んだタペストリーあるいは，パッチワークなのかもしれない。補完が単なる代用品ということになれば文字どおり継ぎはぎ細工であろうし，反対に失われたことから学んだ真実が織り込まれておれば，タペストリーなのであろう。後者の場合，失われたことそのものが，永遠の不条理としてみなされるのではなく，それをプラスに変える他者，そばに寄り添い伴走する人間との協働のなかで，ある創造に向かっているはずなのだ。

　　ホスピスでは無条件に介護者を必要とする。そのため，ケアをする「他者」とのつながりの重要性はいうまでもなく，その中身が積極的に問われることになる。自己と他者との関係が，個の主張と自立を徹底した結果の後づけとしてうまれるのではなく，初めから両者がある「全体」のなかで共振し，あたらしい関係をつくり続けざるを得ないところなのである。コラボレーションによる作品の魅力は，個々のぶつかり合いの自然放置からくるのでも，お互いに気を遣った団体行動によるのでもない。自分と全体の接するところから，何かを創ってゆくという意味での「協働」なのである。

　　　　　　　（横川善正『ホスピスが美術館になる日──ケアの時代とアートの未来──』ミネルヴァ書房）

問1　筆者が「タペストリー」と表現しているのは，どのような人生ですか。　　21

１．無垢さや若さを失わずにいる人生

２．失われたものから積極的な意味を見出す人生

３．自然の摂理を大切にし，喪失を恐れない人生

４．失うことの不条理さに耐え続ける人生

問2　下線部「その中身が積極的に問われることになる」とありますが，筆者は何が最も大切だと考えていますか。　　22

１．ケアによってどれだけ患者の失ったものを補完できるかということ

２．どんな医療技術を持った人が患者のケアにあたるかということ

３．患者とケアする人が協働関係の中で何を創り出せるかということ

４．患者とケアする人がどれだけ個性をぶつけあえるかということ

XVII　次の文章を読んで後の問いに答えなさい。

　ネットワーク社会は，個人が目的を持って活動することを保証する。これが，全体目的のために個々の構成員の役割分担を決める組織との違いだ。

　さらに，集合体としての威力を発揮させるためには，メンバーの性格なり価値観はある程度異質である方が好ましい。相互に補い，刺激しあえる部分が多くなるからだ。

　ネットワーク社会では，「個人個人は違うもの」「それぞれが異なる個人を尊重すること」が必要なのだ。

　ところが，同質性に慣れた日本人には，案外とこれをわずらわしく思うことが多いのではないだろうか。

　ことばだけでいえば，「異なる人格の尊重」は無条件に好ましいといえるだろう。しかし，実際の社会システム運営では，かなりの冗長性を要求することも事実だ。

　ネットワーク型の市民社会といわれるアメリカやフランスの例で考えてみよう。

　なにかにつけて詳細にして複雑な契約がかわされること，訴訟が頻出することは，なにより「異なる人格の尊重」からくることではないか。それぞれの存在が異質であると認めるからこそ，ものごとを進めるにあたっての明確なルールが求められるのだ。その解釈や利害の対立をめぐり，争いごとも当然増えるだろう。

　その点，同質性に支えられた日本的タテ社会では，善意の信頼関係──「同じ日本人なら……するはずがない」という認識──のおかげで，このような冗長性が不要になっている。ごく単純に考えれば，効率的な社会運営が可能だとさえいうことができる。

　「異なる人格の尊重」はかなりエネルギーのいる行為なのだ。それゆえに，社会の運営にあたっては強力な動機づけが必要だ。

（江下雅之『ネットワーク社会──パソコン通信が築くコミュニティ』丸善）

問1　下線部「これ」とは何ですか。　　　　　　　　　　　　　23

1．ネットワーク社会

2．個々の役割分担

3．日本人の持つ同質性

4．異質性の尊重

問2　「アメリカやフランスの例」は何を説明するためのものですか。　　24

1．異質性を認めることで集合体は力を発揮できるということ

2．異質性を尊重すると，訴訟が増えて人々が対立するということ

3．異質性を大切にすると社会運営の効率が悪くなるということ

4．異質性を求めることは善意の信頼関係を捨てることだということ

問3　本文の内容と合っているものはどれですか。　　　　　　　25

1．ネットワーク社会では，全体の目的のために個々人の役割が決まる。

2．効率化が求められるネットワーク社会では個々人の人格は尊重されない。

3．日本人は明確なルールによらず，同質性や信頼関係に基づく社会を理想とする。

4．社会において異質性を尊重するには冗長さやエネルギーを必要とする。

― このページに問題はありません ―

聴読解問題
説明

　　聴読解問題は，問題冊子に書かれていることを見ながら，音声を聴いて答える問題です。

　　<u>問題は一度しか聴けません。</u>

　　選択肢1，2，3，4の中から答えを一つだけ選び，聴読解の解答欄にマークしてください。

練習

留守番電話の録音メッセージを聞いてください。この電話をかけた人が学園祭で出るイベントはどれですか。

<＜学園祭スケジュール＞
33rd Festival Time Schedule

	11/1 （Fri)		11/2 （Sat)		11/3 （Sun)	
	講義室 A	講義室 B	講義室 A	講義室 B	講義室 A	講義室 B
2:00	スィングスィング（ジャズ）	雑学クイズ大会	バタフライズ（オペラ）	柔道部実演	ノナカカルテット（クラシック） ― ③	ポップシング実演
3:00	卓球トーナメント ― ①	ガンガン（パンク）	空手部実演	スネイルズ（ロック）	バスケットボールトーナメント	コクシネルズ（ロック）
4:00		ホップステップ（ダンス）		コント青信号（漫才） ― ②		笑う門には（落語） ― ④
5:00			コールタンクス（コーラス）			日本舞踊公演
6:00						

1番

先生が，消費者のニーズと技術的難易度の話をしています。この先生が最後に挙げる例は，図のどの部分にあてはまりますか。

1

		技術的難易度	
		難	易
ニーズの自覚の有無	有	1	2
	無	3	4

2番

先生が，自然公園について設計図を見ながら話しています。この先生が見ている設計図はどれですか。

2

1.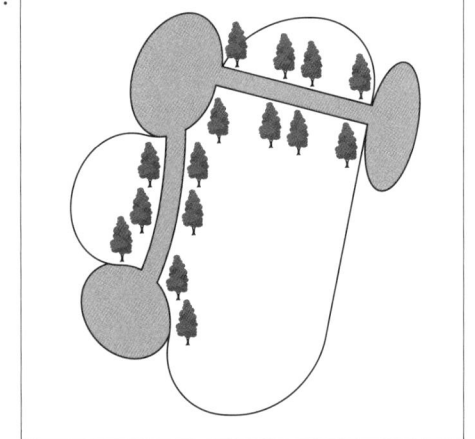

2.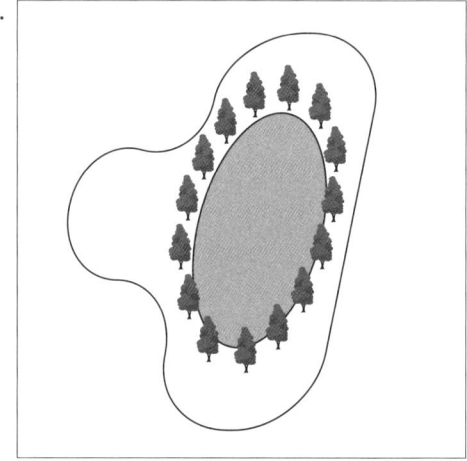

3.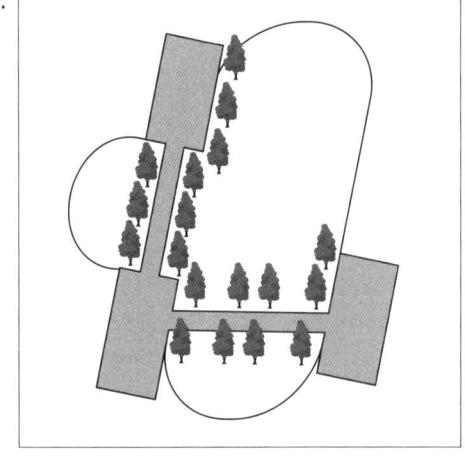

4.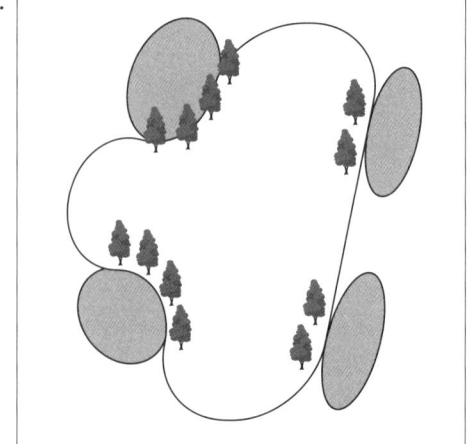

3番

先生が，生物学の授業で，根の成長について話しています。この先生が最後にする質問の答えはどれですか。

3

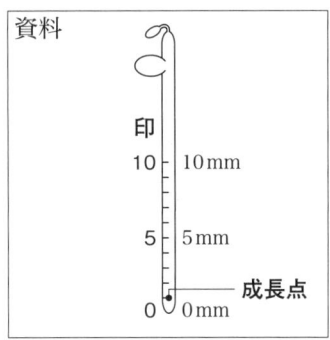

1.

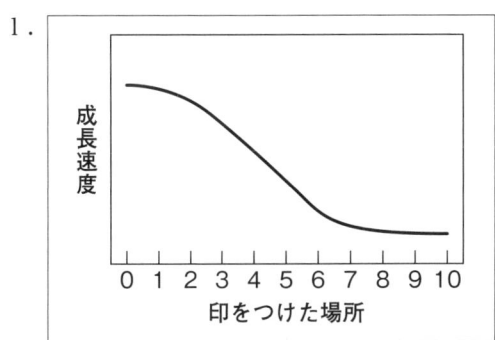

2.

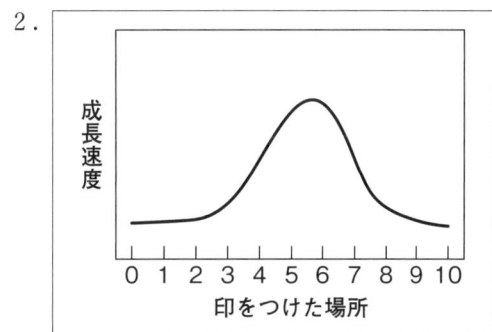

3.

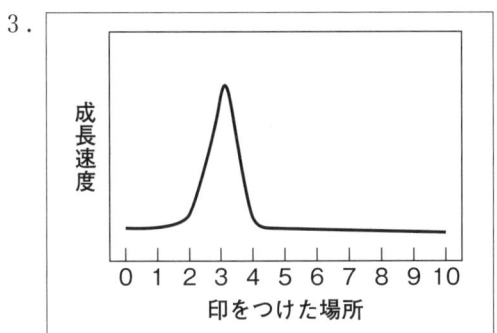

4.

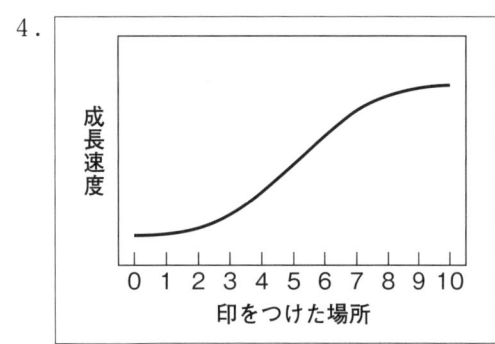

4番

男子学生と女子学生が，マンションの設計図を見ながら話しています。この女子学生は，子育て世代に人気のマンションはどれだと言っていますか。

4

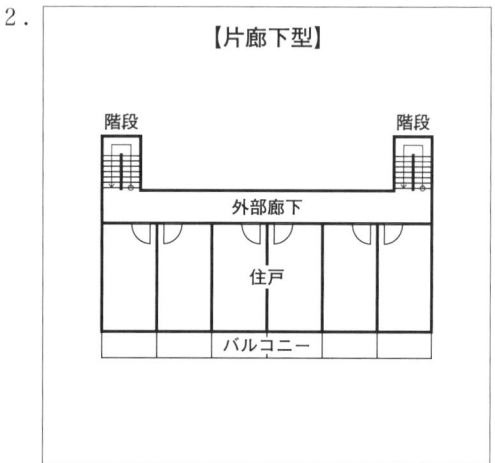

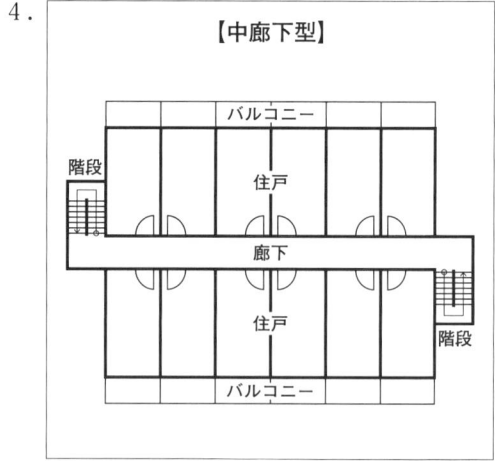

5番

先生が，娯楽施設と消費者の好みについて説明しています。この先生が話の最後に挙げる例は，図のどの部分にあてはまりますか。　5

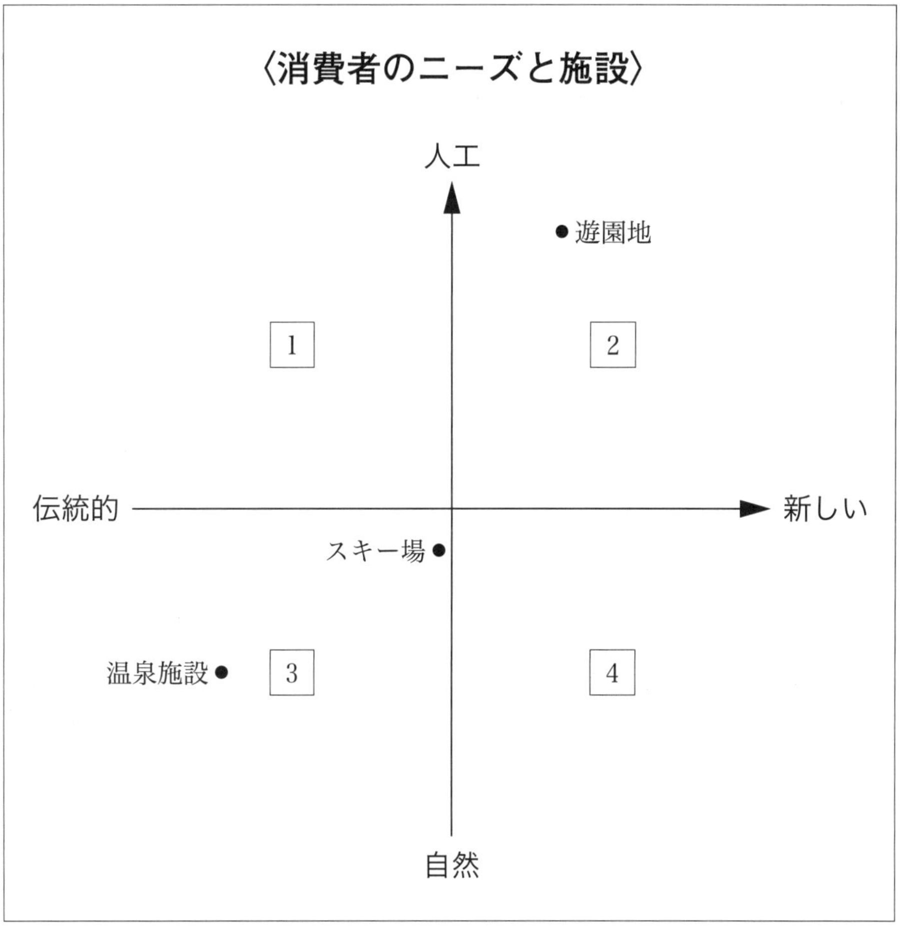

〈消費者のニーズと施設〉

人工

● 遊園地

1　　　　　　2

伝統的 ──────────────▶ 新しい

スキー場 ●

温泉施設 ●　3　　　　　　4

自然

6番

先生が，ガという虫がコウモリから逃げられる仕組みについて話しています。この先生が最後にする質問の答えはどれですか。

6

資料　ガ

耳のような器官

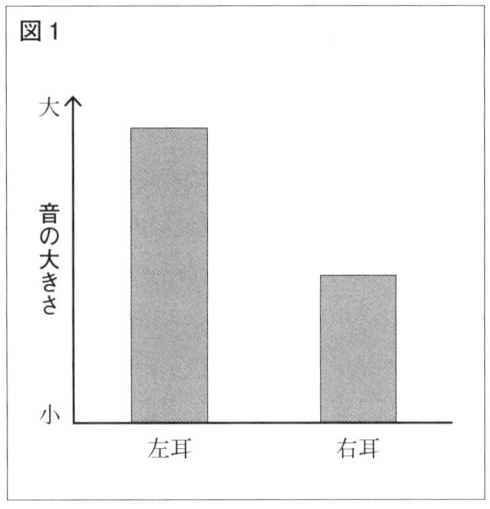

図1

大　音の大きさ　小

左耳　　右耳

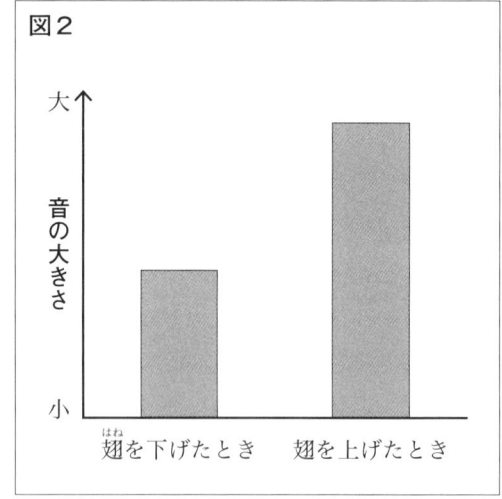

図2

大　音の大きさ　小

翅を下げたとき　　翅を上げたとき

1．コウモリは，ガの左下にいて，近づいてきている。

2．コウモリは，ガの右上にいて，近づいてきている。

3．コウモリは，ガの左上にいて，近づいてきている。

4．コウモリは，ガの右上にいて，遠ざかっている。

7番

先生が，空間デザインについて説明しています。この先生がこのあと紹介する店では，どのような照明が用いられていますか。

7

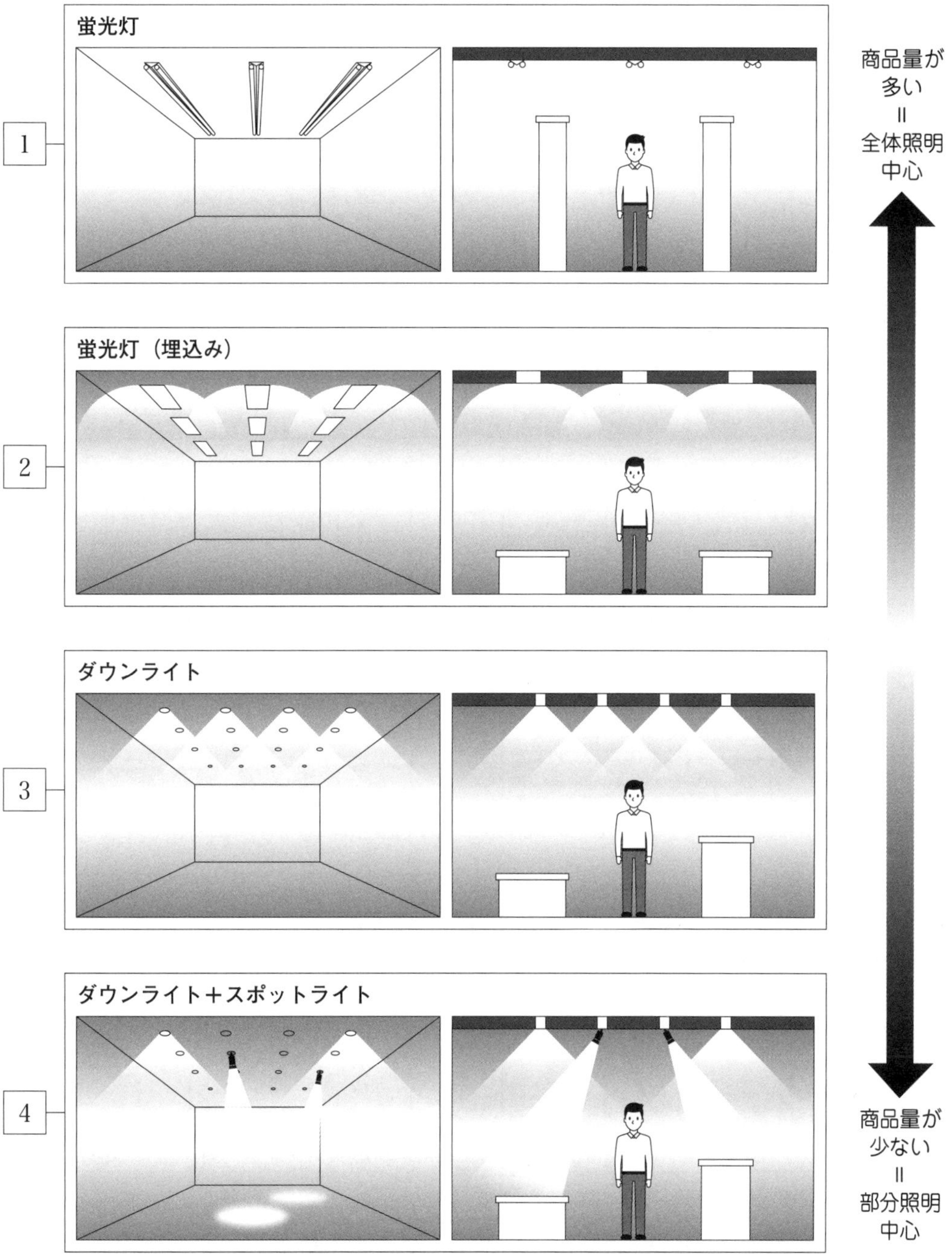

1 蛍光灯

2 蛍光灯（埋込み）

3 ダウンライト

4 ダウンライト＋スポットライト

商品量が
多い
＝
全体照明
中心

商品量が
少ない
＝
部分照明
中心

8番

　先生が，生物の授業で，魚の繁殖について話しています。この先生がこれから書くグラフはどれですか。　　8

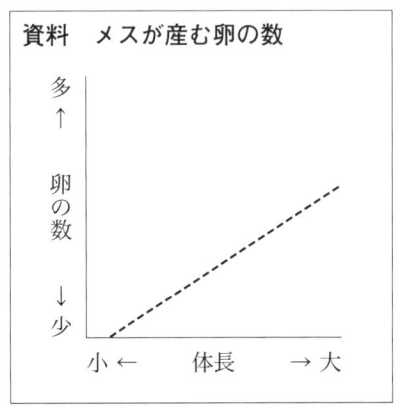

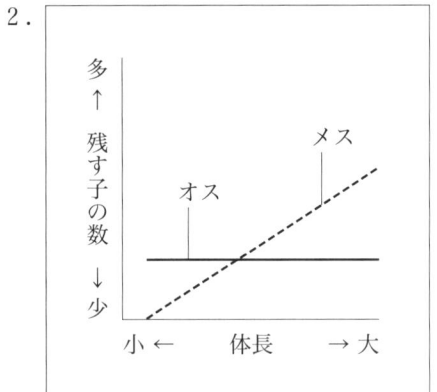

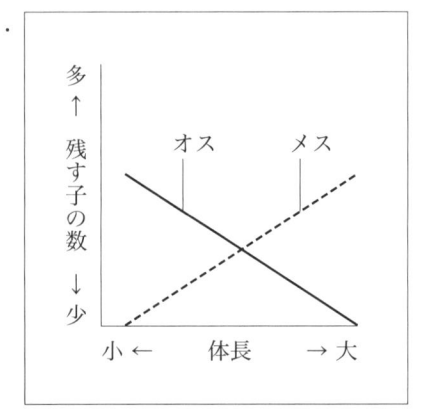

9番

　男子留学生と女子留学生が，大学の予定表を見ながら，いつ帰国するかについて話しています。
この女子留学生は，いつごろ帰国すると言っていますか。　　　　　　　　　　　9

```
┌─ 大学予定表 ─────────────────────────┐
│                                              │
│    7月26日(木)              前期講義終了      │
│    7月30日(月)〜8月 6日(月)   前期試験        │
│    8月 7日(火)〜9月23日(祝)   夏期休暇        │
│    (9月10日(月)〜9月14日(金)  追試験実施)     │
│    9月24日(月)              後期授業開始      │
│                                              │
└──────────────────────────────────────┘
```

1．8月7日〜9月23日ごろ

2．8月15日〜9月23日ごろ

3．8月15日〜8月30日ごろ

4．8月7日〜9月9日ごろ

10番

　先生が，社会学の授業で，グラフについて話しています。この先生の話によると，今回のデータではどのグラフを使うのがよいですか。　[10]

1.
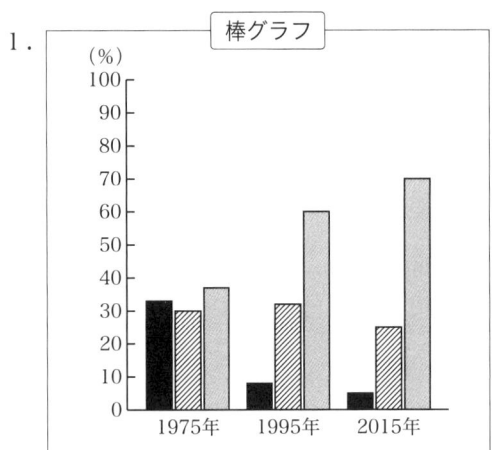

2.
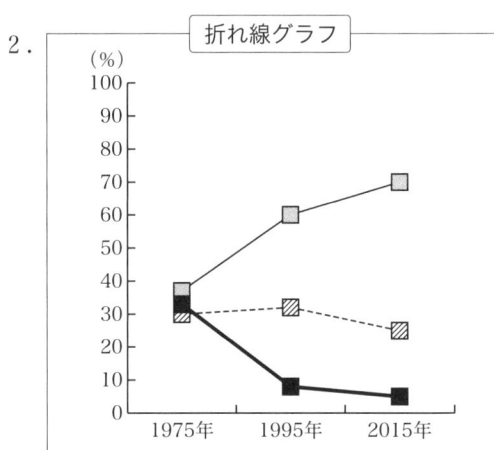

3.
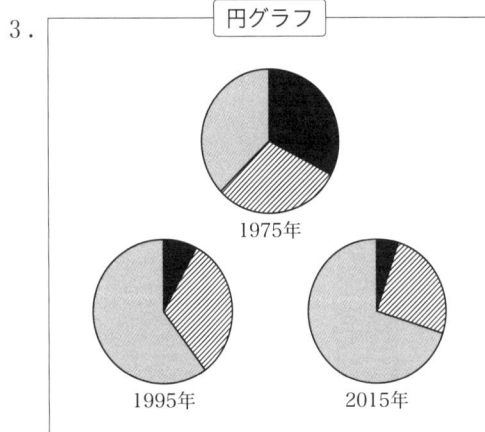

4.
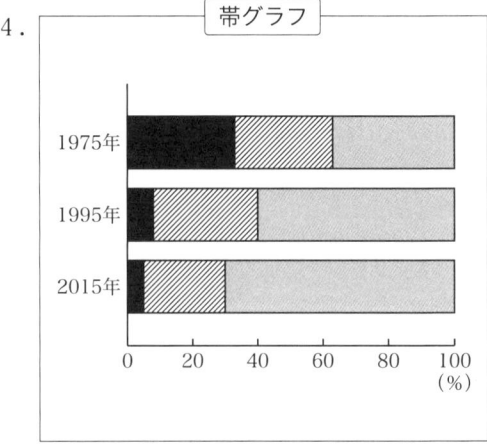

11番

先生が，鯉のぼりという風習について話しています。この先生の話によると，5月5日の正午に鯉のぼりが一番きれいに見えるのはどこですか。 11

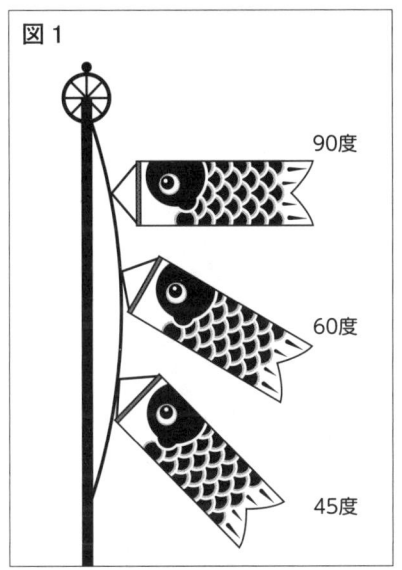

1．札幌

2．東京

3．大阪

4．福岡

12番

　先生が，授業で「象徴的不死」という考えについて説明しています。この先生が最後に挙げる例はどれにあたりますか。　　12

象徴的不死
^{しょうちょうてき ふ し}

a　**生物学的モード**　　（子孫繁栄など）

b　**創造的モード**　　（業績や名誉を残す）

c　**神学的モード**　　（魂は永遠である）

d　**経験的超越モード**　（神秘体験による生死の超越）

e　**自然的モード**　　（自然と一体化する）

1．a と b

2．a と d

3．d と e

4．c と d

聴 解 問 題
説 明

聴解問題は，音声を聴いて答える問題です。問題も選択肢もすべて音声で示されます。問題冊子には，何も書かれていません。

問題は一度しか聴けません。

このページのあとに，メモ用のページが２ページあります。音声を聴きながらメモをとるのに使ってもいいです。

聴解の解答欄には，『正しい』という欄と『正しくない』という欄があります。選択肢１，２，３，４の一つ一つを聴くごとに，正しいか正しくないか，マークしてください。正しい答えは一つです。

― メ モ ―

― メ モ ―

2021年度·行知学園

合格実績

東京大学	38 名		筑波大学	14	名
京都大学	27 名		横浜国立大学	21	名
一橋大学	28 名		東京理科大学	41	名
東京工業大学	39 名		上智大学	46	名
慶應義塾大学	57 名		同志社大学	25	名
早稲田大学	158 名		立教大学	32	名
大阪大学	34 名		明治大学	46	名
東北大学	22 名		中央大学	47	名
名古屋大学	25 名		青山学院大学	19	名
九州大学	35 名		法政大学	52	名
神戸大学	21 名		立命館大学	132	名
			関西大学	54	名
			関西学院大学	29	名

東京芸術大学	3 名		京都芸術大学	19	名
			京都精華大学	31	名
多摩美術大学	24 名		東京工芸大学	17	名
			女子美術大学	6	名
武蔵野美術大学	10 名		日本大学芸術学部	3	名
			東京造形大学	2	名

統計標準：行知学園統計的合格数据均以签有入学协议并在行知学園上课为准，仅咨询，参加公开讲座未签约入学者不记录在榜。本合格榜包含留学生入试，一般入试，AO入试，SGU入试等途径合格者。

新大久保校	大阪校
高田馬場校	京都校

上海总部	长沙校	天津校
西安校	武汉校	沈阳校

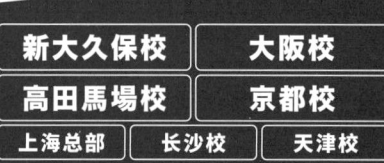

扫码咨询

실전모의고사　제1회

理　科

８０分

【 物理・化学・生物 】

※ 3科目の中から，2科目を選んで解答してください。

※ 1科目を解答用紙の表面に解答し，もう1科目を裏面に解答してください。

（注意）

1．係員の許可なしに，部屋の外に出ることはできません。

2．試験開始の合図があるまで，この問題冊子の中を見ないでください。

3．試験開始の合図があったら，下の欄に，受験番号と名前を記入してください。

4．各科目の問題は以下のページにあります。

科目	ページ
物理	1 ～ 20
化学	21 ～ 32
生物	33 ～ 46

5．足りないページがあったら，手をあげて知らせてください。

6．問題冊子には，メモや計算などを書いてもいいです。

7．解答は，解答用紙に鉛筆（HB）で記入してください。

8．各問題には，その解答を記入する行の番号 1 ，2 ，3 ，…がついています。

　解答は，解答用紙（マークシート）の対応する解答欄にマークしてください。

9．解答用紙に書いてある注意事項も必ず読んでください。

※ 試験開始の合図後に，必ず受験番号と名前を記入してください。

受験番号	名　前

物理

「解答科目」記入方法

解答科目には「物理」，「化学」，「生物」があり
ますので，この中から2科目を選んで解答してく
ださい。選んだ2科目のうち，1科目を解答用紙
の表面に解答し，もう1科目を解答用紙の裏面に
解答してください。

「物理」を解答する場合は，右のように，解答用
紙の「解答科目欄」の「物理」を○で囲み，さら
にその下のマーク欄をマークしてください。

科目を正しくマークしないと，採点されません。

（解答用紙記入例）

解　答　科　目		
物　理 Physics	化　学 Chemistry	生　物 Biology
●	○	○

I 次の問い **A**（**問1**），**B**（**問2**），**C**（**問3**），**D**（**問4**），**E**（**問5**），**F**（**問6**）に答えなさい。ただし，重力加速度の大きさを g とし，空気の抵抗は無視できるものとする。

A 次の図のように，3本の軽い糸 a，b，c をつなぎ，質量 m の小球を天井からつるした。糸aが鉛直方向となす角は30°，糸bが鉛直方向となす角は60°である。糸aの張力を T_a，糸bの張力を T_b とする。

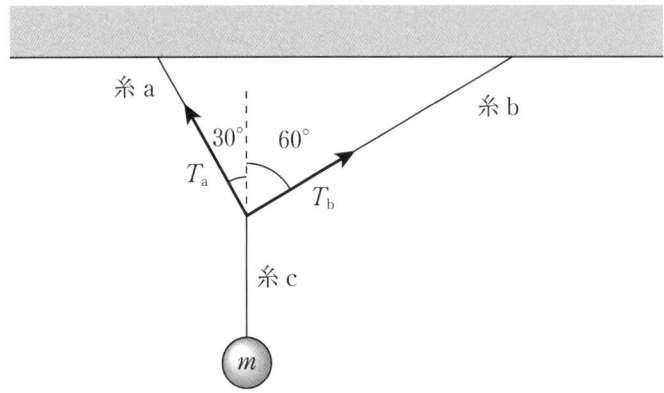

問1 $\dfrac{T_a}{T_b}$ はどのように表されるか。正しいものを，次の①～⑤の中から一つ選びなさい。 **1**

① $\sqrt{3}$　　② $\dfrac{\sqrt{3}}{2}$　　③ $\dfrac{\sqrt{2}}{2}$　　④ $\dfrac{\sqrt{3}}{3}$　　⑤ $\dfrac{1}{2}$

B　次の図のように，水平面とのなす角が θ のあらい斜面の下端から質量 m の物体に初速度 v_0 を与えてすべり上がらせた。物体と斜面との間の動摩擦係数を μ' とする。また，斜面は十分に長いものとする。

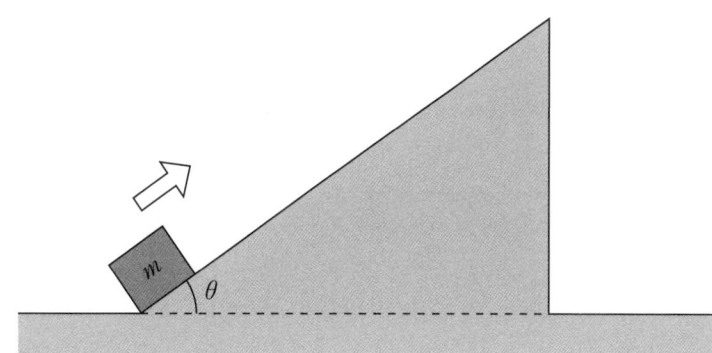

問 2　物体が，最高点に達するのは，斜面に沿ってどれだけすべったところか。正しいものを，次の①～⑥の中から一つ選びなさい。　　　　　2

① $\dfrac{v_0{}^2}{g(\sin\theta + \mu'\cos\theta)}$

② $\dfrac{v_0{}^2}{2g(\sin\theta + \mu'\cos\theta)}$

③ $\dfrac{v_0{}^2}{g(\cos\theta + \mu'\sin\theta)}$

④ $\dfrac{v_0{}^2}{2g(\sin\theta - \mu'\cos\theta)}$

⑤ $\dfrac{v_0{}^2}{g(\sin\theta - \mu'\cos\theta)}$

⑥ $\dfrac{v_0{}^2}{g(\cos\theta - \mu'\sin\theta)}$

C　次の図のように，水平面とのなす角 θ のなめらかな斜面上に物体をのせ，台を水平方向に一定の加速度 a で動かして，物体を斜面上で静止させる。

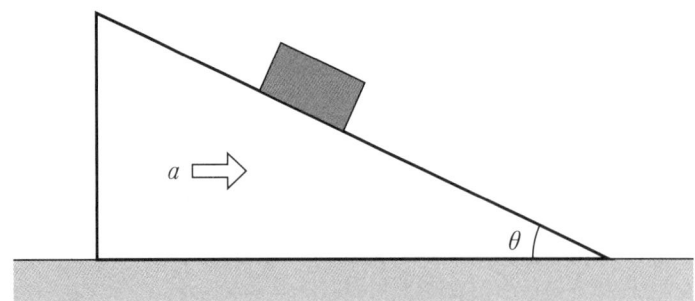

問3　a はどのように表されるか。正しいものを，次の①～⑥の中から一つ選びなさい。　$\boxed{3}$

①　$\dfrac{g}{\tan\theta}$　　②　$g\tan\theta$　　③　$\dfrac{g}{\cos\theta}$　　④　$g\cos\theta$　　⑤　$\dfrac{g}{\sin\theta}$　　⑥　$g\sin\theta$

D　なめらかな水平面上で，次の図のように，x 軸の正の向きに速さ v_A で進んできた質量 m_A の物体 A が，y 軸の正の向きに速さ v_B で進んできた質量 m_B の物体 B と衝突した。衝突後，物体 A は y 軸の正の向きに，物体 B は x 軸の正の向きに進んだ。

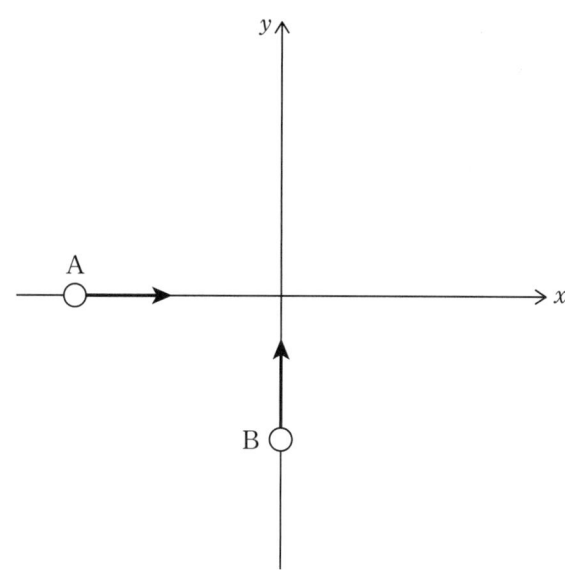

問 4　衝突後の A，B の速さ v_A'，v_B' はどのように表されるか。正しい組み合わせを，次の①〜⑧の中から一つ選びなさい。

4

	v_A'	v_B'
①	$\dfrac{m_B}{m_A}v_B$	$\dfrac{m_A}{m_B}v_A$
②	$\dfrac{m_B}{m_A}v_B$	$\dfrac{m_B}{m_A}v_A$
③	$\dfrac{m_B}{m_A}v_A$	$\dfrac{m_A}{m_B}v_B$
④	$\dfrac{m_B}{m_A}v_A$	$\dfrac{m_B}{m_A}v_B$
⑤	$\dfrac{m_A}{m_B}v_A$	$\dfrac{m_B}{m_A}v_B$
⑥	$\dfrac{m_A}{m_B}v_A$	$\dfrac{m_A}{m_B}v_B$
⑦	$\dfrac{m_A}{m_B}v_B$	$\dfrac{m_B}{m_A}v_A$
⑧	$\dfrac{m_A}{m_B}v_B$	$\dfrac{m_A}{m_B}v_A$

E　次の図のように，なめらかな水平面上にばね定数 k [N/m] の軽いばねを置き，一端に質量 m [kg] の物体をつけ，他端を壁に固定する。物体をばねが自然長となる位置から距離 d [m] だけ引いて静かにはなした。

問5　ばねが自然長より x [m] $(x < d)$ だけ伸びたところを通過する瞬間の物体の速さはどのように表されるか。正しいものを，次の①〜⑥の中から一つ選びなさい。　　5

①　$\sqrt{\dfrac{k}{2m}(d^2 - x^2)}$　　　　②　$\sqrt{\dfrac{k}{m}(d^2 - x^2)}$　　　　③　$\sqrt{\dfrac{2k}{m}(d^2 - x^2)}$

④　$\sqrt{\dfrac{k}{2m}(d^2 + x^2)}$　　　　⑤　$\sqrt{\dfrac{k}{m}(d^2 + x^2)}$　　　　⑥　$\sqrt{\dfrac{2k}{m}(d^2 + x^2)}$

F　次の図のように，半径 R [m] の地球の地上から h [m] の高さで地球を円軌道を描いてまわる人工衛星がある。ただし，地表での重力加速度の大きさを g [m/s^2] とする。

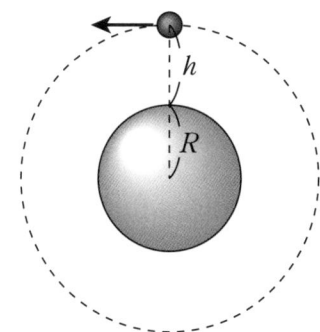

問 6　この人工衛星の周期はどのように表されるか。正しいものを，次の①〜⑥の中から一つ選びなさい。　　　　　　　　　　　　　　　　　　　　　　　　　　　　6 s

①　$\dfrac{2\pi(R+h)}{R}\sqrt{\dfrac{R+h}{g}}$　　②　$\dfrac{\pi(R+h)}{R}\sqrt{\dfrac{R+h}{g}}$　　③　$\dfrac{2\pi(R+h)}{R}\sqrt{\dfrac{R}{g}}$

④　$\dfrac{2\pi R}{R+h}\sqrt{\dfrac{R+h}{g}}$　　⑤　$\dfrac{\pi R}{R+h}\sqrt{\dfrac{R+h}{g}}$　　⑥　$\dfrac{2\pi R}{R+h}\sqrt{\dfrac{R}{g}}$

Ⅱ　次の問い **A**（**問1**），**B**（**問2**），**C**（**問3**）に答えなさい。

A　断熱容器に入った 50℃の水 100 g に，0℃の氷 42 g を入れる。ただし，氷の融解熱を 330 J/g，水の比熱を 4.2 J/(g·K) とし，断熱容器の熱容量は無視できるものとする。

問1　じゅうぶん時間が経過した後，容器内の温度は何℃になるか。最も適当な値を，次の①～⑥の中から一つ選びなさい。　　　　　　　　　　　　　　　　　　 7 ℃

①　12　　　　②　13　　　　③　14　　　　④　15　　　　⑤　16　　　　⑥　17

B 水平面上にシリンダーを置き，なめらかに動くピストンで気体を閉じ込めた。

図1のようにシリンダーを置いたときの閉じ込められた気体の圧力を p_1，図2のようにシリンダーを置いたときの閉じ込められた気体の圧力を p_2 とする。ただし，ピストンの質量を M[kg]，断面積を S[m^2]，大気圧を p_0[Pa]，重力加速度の大きさを g とする。

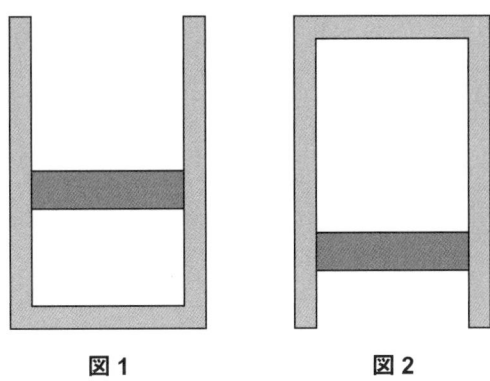

図1   図2

問2 $\dfrac{p_1}{p_2}$ はどのように表されるか。正しいものを，次の①～⑥の中から一つ選びなさい。 8

① $\dfrac{Mg}{Sp_0 + Mg}$

② $\dfrac{Sp_0}{Sp_0 + Mg}$

③ $\dfrac{Sp_0 - Mg}{Sp_0 + Mg}$

④ $\dfrac{Sp_0 + Mg}{Sp_0 - Mg}$

⑤ $\dfrac{Mg - Sp_0}{Mg + Sp_0}$

⑥ $\dfrac{Mg + Sp_0}{Mg - Sp_0}$

C　ある一定量の理想気体の圧力を p，体積を V，絶対温度を T とする。この理想気体の状態を次の $V-T$ 図のように A → B → C → D → A と変化させた。

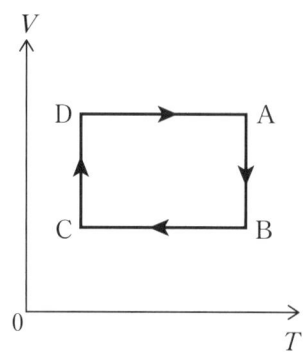

問3　この状態変化は，$p-V$ 図ではどのように表されるか。正しいものを，次の①〜⑥の中から一つ選びなさい。　⑨

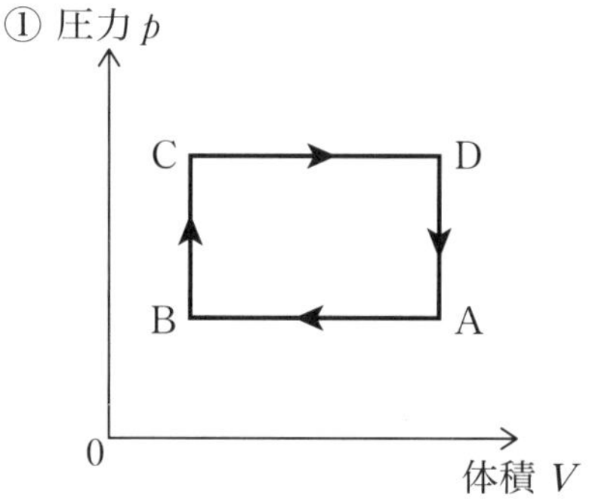

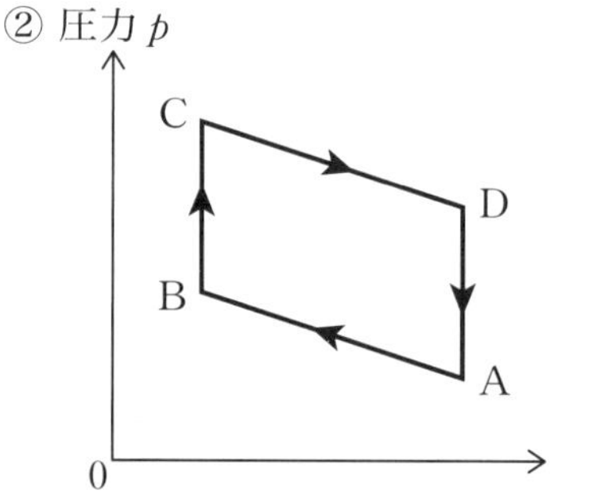

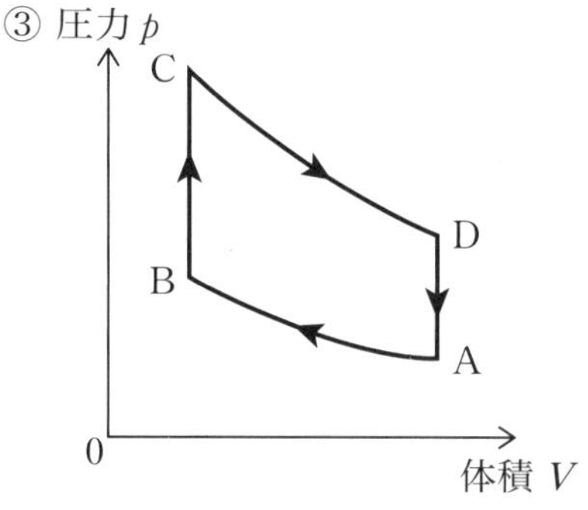

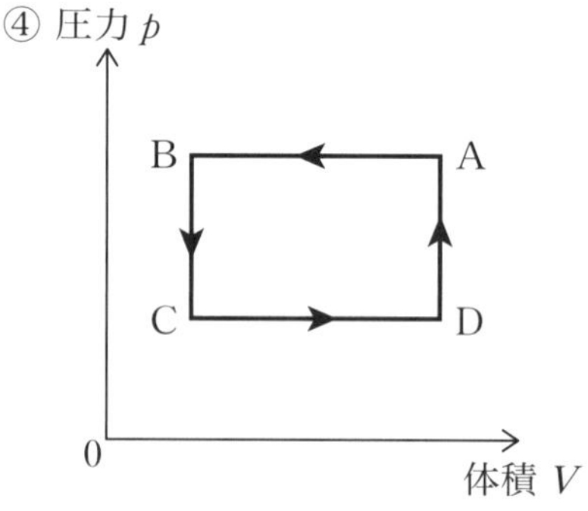

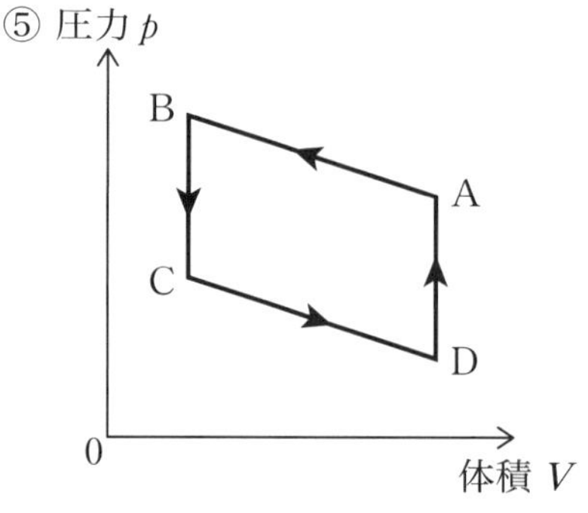

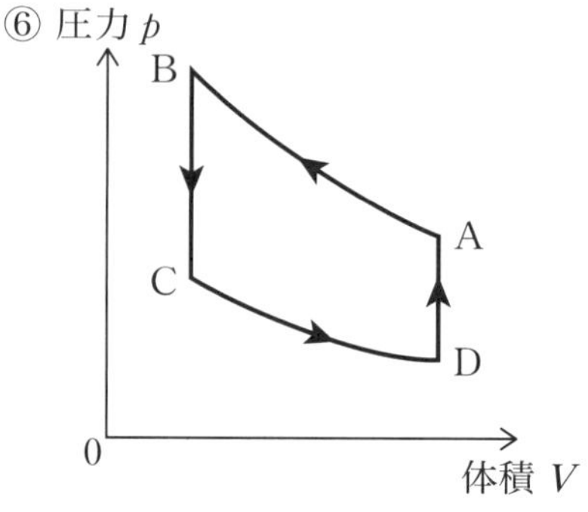

① 圧力 p

② 圧力 p

③ 圧力 p

④ 圧力 p

⑤ 圧力 p

⑥ 圧力 p

$\boxed{\text{III}}$ 　次の問い **A**（**問1**），**B**（**問2**），**C**（**問3**）に答えなさい。

A 　次の図は，x軸の正の向きに進む縦波を横波で表したものである。

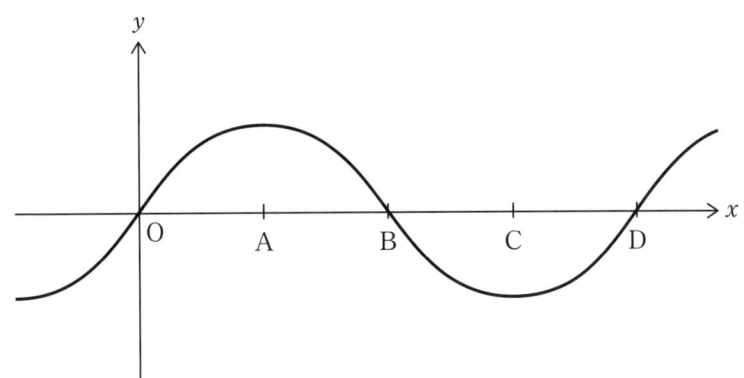

問1 　図中の位置O，A，B，C，Dのうち，媒質の最も疎な点をすべて挙げるとどうなるか。次 の①〜⑧の中から一つ選びなさい。　$\boxed{10}$

① O　　　　　　　　② A　　　　　　　　③ B

④ C　　　　　　　　⑤ D　　　　　　　　⑥ O, D

⑦ A, C　　　　　　　⑧ O, B, C

B　振動数 440 Hz のおんさ A と振動数がわからないおんさ B がある。A と B を同時に鳴らすと 1 秒間に 2 回のうなりが生じた。次に，B に針金を巻きつけて，A と B を同時に鳴らすと 2 秒間に 3 回のうなりが生じた。

問2　針金を巻きつける前のおんさ B の振動数は何 Hz か。最も適当な値を，次の①〜⑥の中から一つ選びなさい。　　　　　　　　　　　　　　　　　　　　　　　　 11 Hz

①　437　　　　②　438　　　　③　439　　　　④　441　　　　⑤　442　　　　⑥　443

C 　次の図のように，空気中で平面ガラスを左端で接するように 2 枚重ね，左端から 20 cm の位置に厚さ 0.10 mm の薄い紙を挟んですき間を開け，波長 λ [m] の光を当てたところ明暗の縞が 1 cm あたり 20 本観測された。

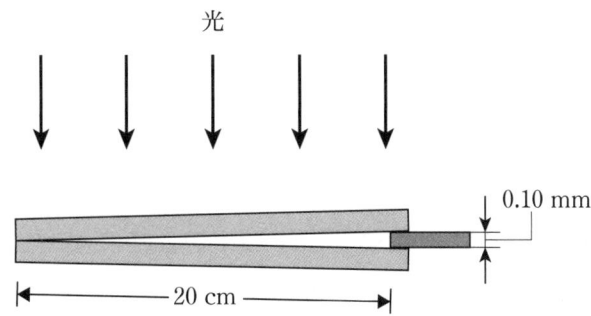

光

0.10 mm

20 cm

問 3 　光の波長 λ は何 m か。最も適当な値を，次の①～⑥の中から一つ選びなさい。　　$\boxed{12}$ m

① 　1.0×10^{-8} 　　　　② 　5.0×10^{-8} 　　　　③ 　1.0×10^{-7}

④ 　2.5×10^{-7} 　　　　⑤ 　5.0×10^{-7} 　　　　⑥ 　1.0×10^{-6}

Ⅳ 次の問い **A**（**問1**），**B**（**問2**），**C**（**問3**），**D**（**問4**），**E**（**問5**），**F**（**問6**）に答えなさい。

A　次の図のように，同じ長さ L の軽い糸2本の端を天井に固定し，他端に同じ質量 m [kg] の小球 A，B をつり下げた。小球に同じ電気量の大きさの正電荷 q を与えたところ，A と B は間隔 L だけ離れ静止した。ただし，重力加速度の大きさを g [m/s^2]，クーロンの法則の比例定数を k [N・m^2/C^2] とする。

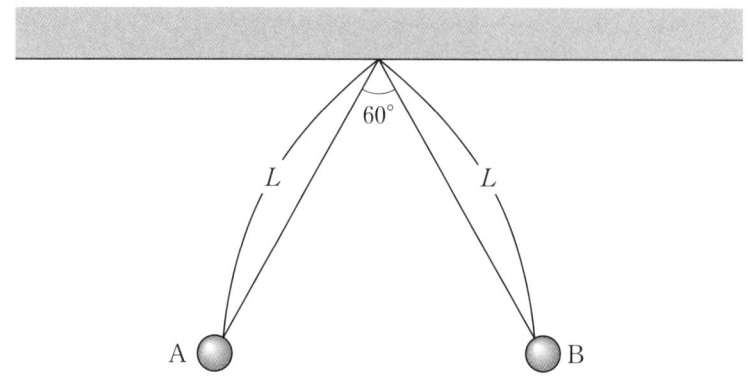

問1　電荷 q の値は何 C か。最も適当な値を，次の①〜⑥の中から一つ選びなさい。　　13　C

①　$L\sqrt{\dfrac{mg}{3k}}$

②　$\dfrac{L}{2}\sqrt{\dfrac{mg}{3k}}$

③　$L\sqrt{\dfrac{\sqrt{3}\,mg}{3k}}$

④　$L\sqrt{\dfrac{mg}{2k}}$

⑤　$L\sqrt{\dfrac{mg}{6k}}$

⑥　$\dfrac{L}{2}\sqrt{\dfrac{\sqrt{3}\,mg}{3k}}$

B　次の図のように，平行板コンデンサーC_1，C_2，C_3，電池，スイッチS_1，S_2を接続した。最初，各コンデンサーには電荷がなくS_1のみを閉じた。次に，S_1を開いてからS_2を閉じた。ただし，C_1，C_2，C_3の電気容量はそれぞれC［F］，$2C$［F］，$3C$［F］，電池の電圧はV［V］とする。

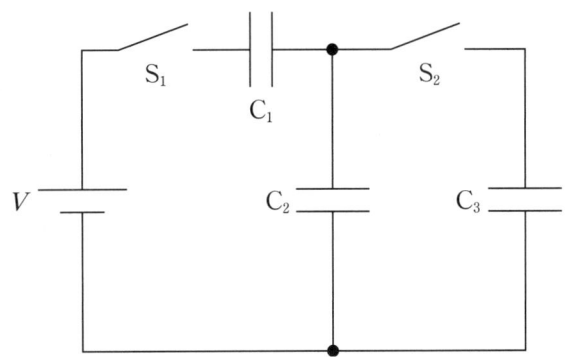

問2　C_2の電圧はどのように表されるか。正しいものを，次の①～⑥の中から一つ選びなさい。

14

①　$\dfrac{1}{15}V$　　②　$\dfrac{2}{15}V$　　③　$\dfrac{1}{5}V$　　④　$\dfrac{1}{3}V$　　⑤　$\dfrac{4}{15}V$　　⑥　$\dfrac{7}{15}V$

C 次の図のように，抵抗値が R_1，R_2，R_3，R_4 の 4 つの抵抗と起電力 E の電池と検流計 G を接続した。

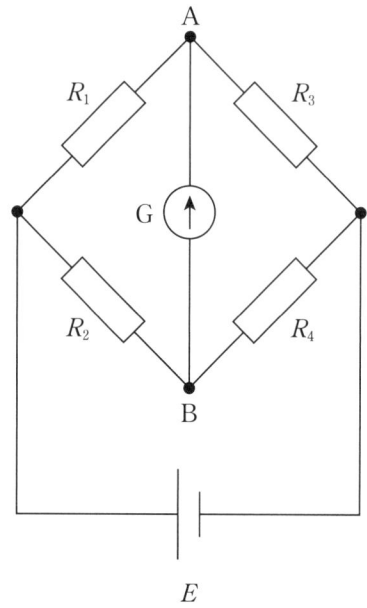

E

問3 検流計 G を流れる電流が 0 のとき，各抵抗の抵抗値の関係はどのように表されるか。正しいものを，次の①〜⑨の中から一つ選びなさい。　15

①　$R_1R_2 - R_3R_4 = 0$
②　$R_1R_3 - R_2R_4 = 0$
③　$R_1R_4 - R_2R_3 = 0$

④　$R_1R_2 - R_3R_4 > 0$
⑤　$R_1R_3 - R_2R_4 > 0$
⑥　$R_1R_4 - R_2R_3 > 0$

⑦　$R_1R_2 - R_3R_4 < 0$
⑧　$R_1R_3 - R_2R_4 < 0$
⑨　$R_1R_4 - R_2R_3 < 0$

D　次の図のように，質量 m [kg]，電気量 q [C] の正の荷電粒子が，紙面の裏から表の向き
に与えられた磁束密度 B [T] の磁場に垂直に速さ v [m/s] で飛び込み，図のような半径 r
の円運動をした。

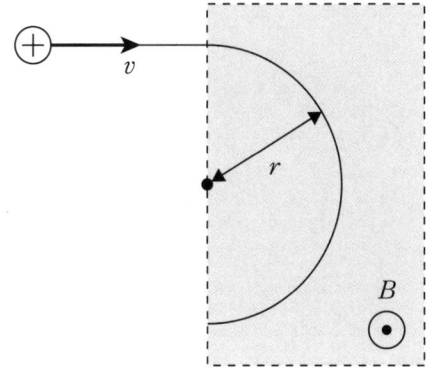

問 4　荷電粒子が $\frac{1}{2}$ 回転するのに要した時間は，どのように表されるか。正しいものを，次の①
〜⑥の中から一つ選びなさい。　　　　　　　　　　　　　　　　　16

①　$\dfrac{\pi m}{qB}$　　　②　$\dfrac{\pi m}{2qB}$　　　③　$\dfrac{2\pi m}{qB}$　　　④　$\dfrac{qB}{\pi m}$　　　⑤　$\dfrac{qB}{2\pi m}$　　　⑥　$\dfrac{2qB}{\pi m}$

E　次の図のように，透磁率 μ_0 [N/A²] の真空中で，1辺の長さが a [m] の正方形の頂点上に直線導線 P，Q，R，S が置かれている。導線 P，Q，S にはそれぞれ I [A]，$2I$ [A]，$2I$ [A] の電流が紙面の裏から表の向きに流れている。また，R には I [A] の電流が紙面の表から裏の向きに流れている。

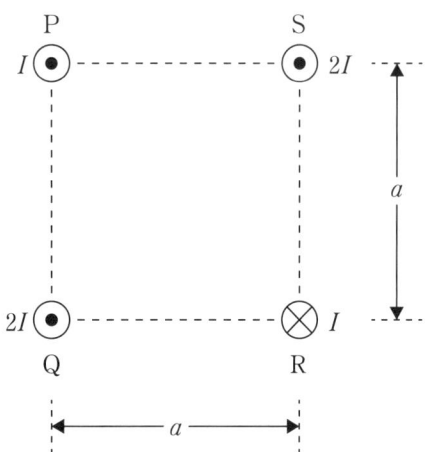

問5　導線 Q，R，S に流れる電流により導線 P の長さ 1 m あたりに受ける力の大きさ F はどうなるか。正しいものを，次の①〜⑥の中から一つ選びなさい。　　　17

①　$\dfrac{\mu_0 I^2}{2\pi a}$

②　$\dfrac{\mu_0 I^2}{\pi a}$

③　$\dfrac{\sqrt{2}\,\mu_0 I^2}{2\pi a}$

④　$\dfrac{3\sqrt{2}\,\mu_0 I^2}{4\pi a}$

⑤　$\dfrac{7\sqrt{2}\,\mu_0 I^2}{4\pi a}$

⑥　$\dfrac{3\sqrt{2}\,\mu_0 I^2}{2\pi a}$

F　次の図のように，交流電源と抵抗を接続した。交流電源の電圧 V[V] と時刻 t[s] の関係は $V = V_0 \sin \omega t$ （V_0：振幅，ω：角周波数，t：時刻）であり，抵抗の抵抗値は R[Ω] である。

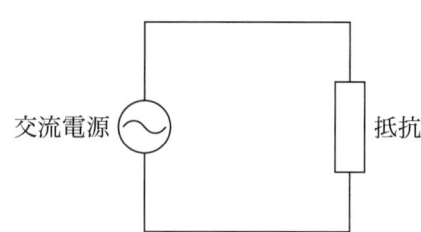

問6　抵抗を流れる電流 I[A] と，抵抗の瞬間の消費電力 P[W] はそれぞれどのように表されるか。正しい組み合わせを，次の①～⑥の中から一つ選びなさい。　18

	電流 I[A]	抵抗の瞬間の消費電力 P[W]
①	$\dfrac{V_0}{R} \cos \omega t$	$\dfrac{V_0{}^2}{R} \sin^2 \omega t$
②	$\dfrac{V_0}{R} \sin \omega t$	$\dfrac{V_0{}^2}{R} \sin^2 \omega t$
③	$\dfrac{V_0}{R} \cos \omega t$	$\dfrac{V_0{}^2}{R} \cos^2 \omega t$
④	$\dfrac{V_0}{R} \sin \omega t$	$\dfrac{V_0{}^2}{R} \cos^2 \omega t$
⑤	$\dfrac{V_0}{R} \cos \omega t$	$\dfrac{V_0{}^2}{R} \sin 2\omega t$
⑥	$\dfrac{V_0}{R} \sin \omega t$	$\dfrac{V_0{}^2}{R} \sin 2\omega t$

V 次の問い **A**（**問1**）に答えなさい。

A $^{226}_{92}\mathrm{Ra}$ が α 崩壊を a 回，β 崩壊を b 回起こして，$^{206}_{82}\mathrm{Pb}$ になった。

問1 a と b の値の組 (a, b) として正しいものを，次の①〜⑥の中から一つ選びなさい。 19

① $(2, 5)$ ② $(3, 4)$ ③ $(4, 4)$ ④ $(5, 0)$ ⑤ $(7, 4)$ ⑥ $(8, 2)$

物理の問題はこれで終わりです。解答欄の 20 〜 60 はマークしないでください。
解答用紙の解答科目欄に「物理」が正しくマークしてあるか，もう一度確かめてください。

化学

体積の単位リットル（liter）は L で表す。

標準状態（standard state）：0℃，1.01×10^5 Pa（= 1.00 atm）
標準状態における理想気体（ideal gas）**のモル体積**（molar volume）：22.4 L/mol
気体定数（gas constant）：$R = 8.31 \times 10^3$ Pa·L/(K·mol)
アボガドロ定数（Avogadro constant）：$N_A = 6.02 \times 10^{23}$ /mol
ファラデー定数（Faraday constant）：$F = 9.65 \times 10^4$ C/mol

原子量（atomic weight）：　H：1.0　　C：12　　N：14　　O：16　　Pb：207

この試験における元素（element）の族（group）と周期（period）の関係は下の周期表（periodic table）の通りである。ただし，H 以外の元素記号は省略してある。

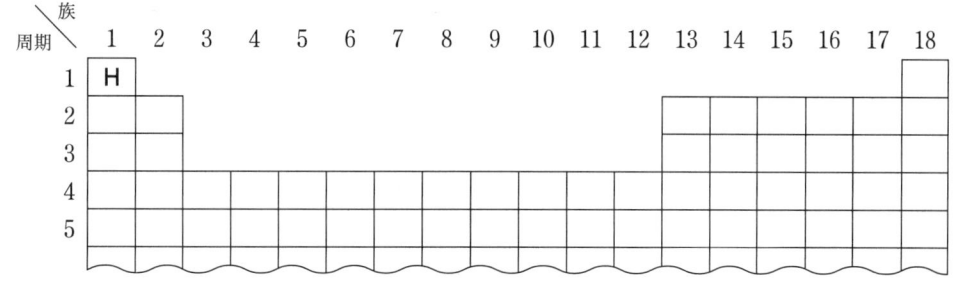

問1 次の図に示す電子配置（electron configuration）をもつ原子（atom）**a〜c**に関する記述として**誤っているもの**を，下の①〜⑤の中から一つ選びなさい。ただし，図の中心の丸は原子核（atomic nucleus）を表す。また，外側の同心円は電子殻（electron shell）を，黒丸は電子（electron）を表す。 ⬚1

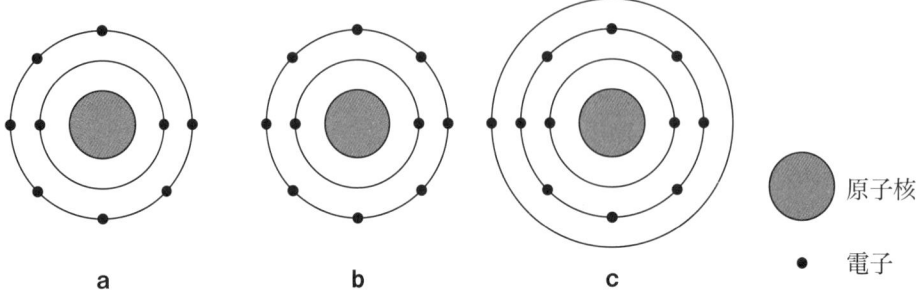

a　　　　　**b**　　　　　**c**　　　　原子核

● 電子

①　**a〜c**の中でイオン化エネルギー（ionization energy）が最も小さいのは**c**である。

②　**a〜c**は，すべて周期表（periodic table）の第2周期（second period）に属する。

③　**a〜c**の中で1価の陰イオン（anion）に最もなりやすいのは**a**である。

④　**b**の電子配置は，Mg^{2+} の電子配置と同じである。

⑤　**a**とヨウ素I_2は，周期表の同じ族（group）に属する。

問2 化学結合（chemical bond）に関する次の記述①〜⑤のうち，**誤っているもの**を一つ選びなさい。 ⬚2

①　ナフタレン（naphthalene）分子の原子（atom）間の結合は共有結合（covalent bond）である。

②　ダイヤモンド（diamond）では，炭素原子が共有結合でつながっている。

③　金属ナトリウム Na では，ナトリウム原子の価電子（valence electron）は，金属全体を自由に動くことができない。

④　アンモニウムイオン NH_4^+ の4個のN－H結合の性質は，互いに区別できない。

⑤　塩化ナトリウム NaCl の結晶（crystal）はイオン結合（ionic bond）からなる。

問 3 図は物質の分子量（molecular weight）と沸点（boiling point）の関係を示している。図に関する下の記述 (**a**)〜(**c**) について，正誤の組み合わせとして正しいものを，下表の①〜⑧の中から一つ選びなさい。 3

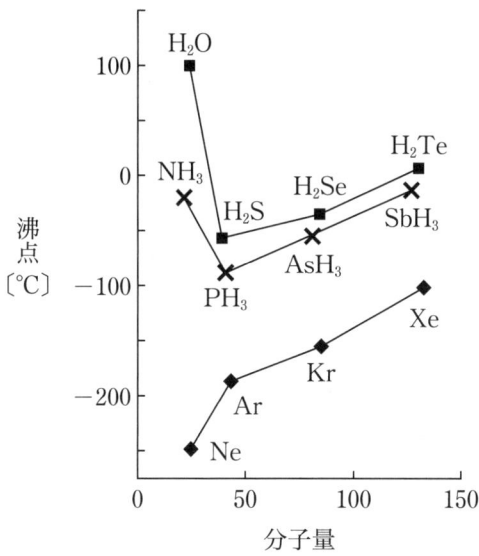

(**a**) NH_3 と H_2O の沸点がそれぞれ PH_3 と H_2S の沸点より高いのは，水素結合（hydrogen bond）の効果である。

(**b**) 同種の分子間に働く力は，Ar に比べて Xe の方が大きい。

(**c**) 図の水素化合物の沸点が同程度の分子量をもつ希ガス（rare gases）の沸点よりも高いのは，これらの水素化合物が極性（polarity）をもつからである。

	a	b	c
①	正	正	正
②	正	正	誤
③	正	誤	正
④	正	誤	誤
⑤	誤	正	正
⑥	誤	正	誤
⑦	誤	誤	正
⑧	誤	誤	誤

問4　体積の割合で水素 H_2 75 ％，窒素 N_2 25 ％の混合ガスをつくった。この混合ガスの平均の分子量（molecular weight）として最も適当な数値を，次の①〜⑥の中から一つ選びなさい。

4

①　4.3　　　②　6.5　　　③　8.5　　　④　11　　　⑤　15　　　⑥　22

問5　容積一定の容器の中に，等しい物質量（amount of substance, mol）の水素 H_2 と酸素 O_2 とからなる混合気体を入れると，容器内の圧力は，27℃で 8.0×10^4 Pa であった。水素を完全燃焼（complete combustion）させた後，温度を 57℃にしたとき，容器内の圧力は何 Pa となるか。最も近い値を，次の①〜⑧の中から一つ選びなさい。ただし，57℃における水の蒸気圧（vapor pressure）は 1.8×10^4 Pa である。

5 Pa

①　8.0×10^4　　　②　6.6×10^4　　　③　6.2×10^4

④　6.0×10^4　　　⑤　4.2×10^4　　　⑥　4.0×10^4

⑦　2.2×10^4　　　⑧　1.8×10^4

問6　銀 Ag は図1に示すように，面心立方格子（face-centered cubic lattice）からなる結晶（crystal）をつくる。図2の立方体の一辺の長さは原子（atom）の半径の何倍になるか。最も適当なものを，下の①〜⑥の中から一つ選びなさい。

6 倍

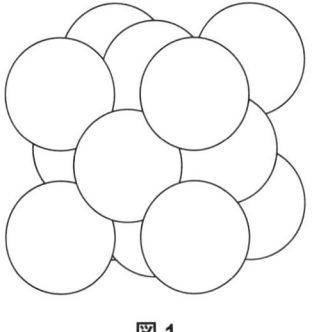
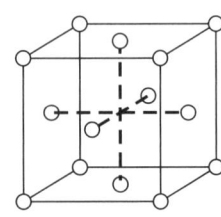

図1　　　　　　　図2

①　$\sqrt{2}$　　　②　$2\sqrt{2}$　　　③　$2\sqrt{3}$　　　④　$\dfrac{2}{\sqrt{3}}$　　　⑤　$\dfrac{4}{\sqrt{3}}$　　　⑥　2

問7 次の水溶液（aqueous solution）**A～C**について，pHの値を大きな順に並べたものとして

正しいものを，下の①～⑥の中から一つ選びなさい。 7

A：0.01 mol/L 塩化アンモニウム水溶液 NH_4Cl aq

B：0.01 mol/L 硫酸ナトリウム水溶液 Na_2SO_4 aq

C：0.01 mol/L 酢酸ナトリウム水溶液 CH_3COONa aq

① **A > B > C** 　　　② **A > C > B** 　　　③ **B > A > C**

④ **B > C > A** 　　　⑤ **C > A > B** 　　　⑥ **C > B > A**

問8 鉛蓄電池（lead storage battery）の構成は，次のように表される。ただし，正負の符号は

省略している。

　　　$Pb \mid H_2SO_4$ aq $\mid PbO_2$

　この電池（battery）の両極を外部回路に接続し，1.0 A の一定の電流（electric current）

で 965 秒間放電（discharge）させたとき，この放電による負極（anode）の質量（mass）の

変化として正しいものを，次の①～⑥の中から一つ選びなさい。 8

① 0.96 g 増加した。　　② 0.48 g 増加した。　　③ 0.32 g 増加した。

④ 0.32 g 減少した。　　⑤ 1.0 g 減少した。　　⑥ 2.1 g 減少した。

問9 メタノール（CH_3OH），炭素（黒鉛）C および水素 H_2 の燃焼熱（heat of combustion）をそれぞれ Q_1 kJ/mol，Q_2 kJ/mol および Q_3 kJ/mol とする。このとき，メタノールの生成熱（heat of formation）Q kJ/mol を求める式として最も適当なものを，次の①〜⑥の中から一つ選びなさい。　　　　　　　　9

① $Q = Q_1 - Q_2 - Q_3$　　　② $Q = Q_1 - 2Q_2 - Q_3$　　　③ $Q = Q_1 - Q_2 - 2Q_3$

④ $Q = -Q_1 + Q_2 + Q_3$　　⑤ $Q = -Q_1 + 2Q_2 + Q_3$　　⑥ $Q = -Q_1 + Q_2 + 2Q_3$

問10 1.0 mol の気体 **A** のみが入った密閉容器に，気体 **B** および **C** が生成して，次式の平衡（equilibrium）が成立した。

$$2A \rightleftharpoons B + C$$

このときの気体 **C** の物質量（amount of substance, mol）として最も近い値を，次の①〜⑤の中から一つ選びなさい。ただし，容器内の温度と体積は一定とし，この温度における反応の平衡定数（equilibrium constant）は 0.25 とする。　　　　10 mol

① 0.25　　　② 0.33　　　③ 0.50　　　④ 0.67　　　⑤ 0.75

問11　次の記述①〜④のうち，亜鉛 Zn またはアルミニウム Al の**どちらか一方のみ**にあてはまる
ものを一つ選びなさい。　　11

① 単体（simple substance）を空気中で強熱すると，酸化物（oxide）が生成する。

② 陽イオン（cation）を含む水溶液にアンモニア水 NH_3 aq を加えていくと，白い沈殿
（precipitate）が生じるが，さらに加えるとその沈殿が溶ける。

③ 単体は，水酸化ナトリウム水溶液 NaOH aq と希塩酸 dil.HCl のどちらにも溶ける。

④ 単体が高温の水蒸気と反応すると，水素 H_2 が発生する。

화
학

問12　酸化物（oxide）の反応に関する次の記述①〜⑤のうち，**誤っているもの**を一つ選びなさい。
　　12

① PbO_2 を希硫酸 dil.H_2SO_4 に加えると，$PbSO_4$ が生じる。

② P_4O_{10} に水 H_2O を加えて加熱すると，H_3PO_4 が生じる。

③ Na_2O を水と反応させると，NaOH が生じる。

④ Al_2O_3 を水酸化ナトリウム水溶液 NaOH aq と反応させると，$Na[Al(OH)_4]$ が生じる。

⑤ CaO を希塩酸 dil.HCl に加えると，$CaCl_2$ が生じる。

問13 次の化学反応（chemical reaction）（**a**）〜（**d**）のうち，反応の前後で下線を引いた原子（atom）が酸化（oxidation）される反応を，下の①〜⑥の中から一つ選びなさい。　13

（**a**）　$Fe + 2\underline{H}NO_3 \longrightarrow Fe(NO_3)_2 + \underline{H}_2$

（**b**）　$3\underline{Cu} + 8HNO_3 \longrightarrow 3\underline{Cu}(NO_3)_2 + 4H_2O + 2NO$

（**c**）　$Ca\underline{C}O_3 \longrightarrow CaO + \underline{C}O_2$

（**d**）　$2H_2\underline{O}_2 \longrightarrow 2H_2O + \underline{O}_2$

①　**a，b**　　②　**a，c**　　③　**a，d**　　④　**b，c**　　⑤　**b，d**　　⑥　**c，d**

問14 赤熱したコークス（coke）に水蒸気 0.50 mol を通じると，水蒸気がなくなって，水素 H_2 と一酸化炭素 CO が同じ物質量（amount of substance, mol）ずつ生じた。この反応で消費された炭素 C は何 g か。最も近い値を，次の①〜⑤の中から一つ選びなさい。　14　g

①　0.50　　　②　3.0　　　③　6.0　　　④　9.0　　　⑤　12

問15 Fe^{3+}，Zn^{2+}，Ba^{2+} を含む水溶液がある。次の実験をおこなって，これらの金属イオン（metal ion）を分離した。空欄 a ， b にあてはまる溶液として最も適当なものを，下表の①～⑨の中から一つ選びなさい。　15

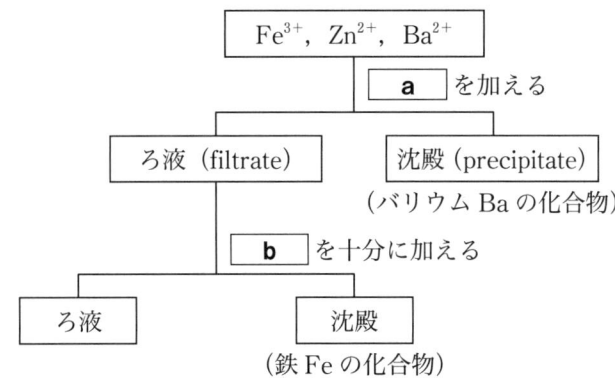

	a	b
①	希硫酸 (dil.H₂SO₄)	硝酸ナトリウム水溶液 (NaNO₃ aq)
②	希硫酸	水酸化ナトリウム水溶液 (NaOH aq)
③	希硫酸	塩化アンモニウム水溶液 (NH₄Cl aq)
④	希塩酸 (dil.HCl)	硝酸ナトリウム水溶液
⑤	希塩酸	水酸化ナトリウム水溶液
⑥	希塩酸	塩化アンモニウム水溶液
⑦	希硝酸 (dil.NHO₃)	硝酸ナトリウム水溶液
⑧	希硝酸	水酸化ナトリウム水溶液
⑨	希硝酸	塩化アンモニウム水溶液

問16 分子式（molecular formula）$C_8H_nO_2$ で示される有機化合物（organic compound）がある。この化合物 34 mg を完全燃焼（complete combustion）させたところ，18 mg の水が生じた。この分子式中の水素原子（hydrogen atom）の数 n として正しいものを，次の①～⑤の中から一つ選びなさい。　　　　　　　　16

① 8　　　　　② 10　　　　　③ 12　　　　　④ 14　　　　　⑤ 16

問17 次の記述 (a)～(c) にあてはまる化合物 A～C の組み合わせとして正しいものを，下表の①～⑥の中から一つ選びなさい。　　　　　17

(a) 化合物 A～C は，いずれも分子式 $C_4H_{10}O$ で表されるアルコール（alcohol）である。

(b) 二クロム酸カリウム $K_2Cr_2O_7$ の硫酸酸性溶液（acidified with sulfuric acid solution）によって，化合物 A と B は酸化（oxidation）されるが，化合物 C は酸化されない。

(c) 化合物 B には一対の鏡像異性体（enantiomer）がある。

	A	B	C
①	2-メチル-2-プロパノール	1-ブタノール	2-ブタノール
②	2-メチル-2-プロパノール	2-ブタノール	1-ブタノール
③	2-ブタノール	1-ブタノール	2-メチル-2-プロパノール
④	2-ブタノール	2-メチル-2-プロパノール	1-ブタノール
⑤	1-ブタノール	2-ブタノール	2-メチル-2-プロパノール
⑥	1-ブタノール	2-メチル-2-プロパノール	2-ブタノール

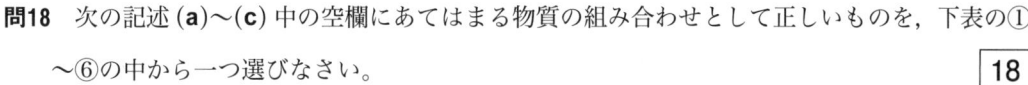

問18 次の記述 (**a**)～(**c**) 中の空欄にあてはまる物質の組み合わせとして正しいものを，下表の①～⑥の中から一つ選びなさい。　　　　　　　　　　　　　　18

(**a**)　[　　　　]は，希塩酸（dil.HCl）にもうすい水酸化ナトリウム水溶液 NaOH aq にもほとんど溶けない。また，その四塩化炭素溶液 CCl₄ aq に，少量の臭素 Br の四塩化炭素溶液を加えて振り混ぜると，直ちに臭素の色が消える。

(**b**)　[　　　　]は，希塩酸には溶けるが，うすい水酸化ナトリウム水溶液にはほとんど溶けない。

(**c**)　[　　　　]は，うすい水酸化ナトリウム水溶液には溶けるが，希塩酸にはほとんど溶けない。また，その少量を水に加えて振り混ぜ，さらに塩化鉄（Ⅲ）水溶液 FeCl₃ aq を加えても，青～赤紫色の呈色（coloration）は見られない。

	a	**b**	**c**
①	アニリン	スチレン	安息香酸（benzoic acid）
②	アニリン	安息香酸	スチレン
③	スチレン	アニリン	安息香酸
④	スチレン	安息香酸	アニリン
⑤	安息香酸	アニリン	スチレン
⑥	安息香酸	スチレン	アニリン

問19 2種類の異なる単量体（monomer）の縮合重合（condensation polymerization）によってつくられる高分子化合物（polymer compound）として正しいものを，次の①～⑤の中から一つ選びなさい。　　　　　　　　　　　　　　19

①　ポリ塩化ビニル　　　②　ポリプロピレン　　　③　ポリエチレンテレフタラート

④　ポリエチレン　　　⑤　ポリスチレン

問20 タンパク質（protein）に関する次の記述①～⑤のうち，**誤っているもの**を一つ選びなさい。

20

① タンパク質は，アミノ酸（amino acid）がペプチド結合（peptide bond）してできた高分子化合物（polymer compound）である。

② タンパク質は，熱や酸によって変性（denaturation）することがある。

③ タンパク質に水酸化ナトリウム水溶液 NaOH aq と硫酸銅（II）水溶液 CuSO₄ aq を加えると，赤紫色を示す。

④ タンパク質は，成分元素（element）として炭素 C，水素 H，酸素 O および窒素 N の四つの元素を必ず含んでいる。

⑤ タンパク質に濃い水酸化ナトリウム水溶液を加えて加熱すると，酸素 O_2 が発生する。

化学の問題はこれで終わりです。解答欄の 21 ～ 60 はマークしないでください。
解答用紙の解答科目欄に「化学」が正しくマークしてあるか，もう一度確かめてください。

生物

「解答科目」記入方法

　解答科目には「物理」，「化学」，「生物」がありますので，この中から2科目を選んで解答してください。選んだ2科目のうち，1科目を解答用紙の表面に解答し，もう1科目を解答用紙の裏面に解答してください。

　「生物」を解答する場合は，右のように，解答用紙の「解答科目欄」の「生物」を○で囲み，さらにその下のマーク欄をマークしてください。

科目を正しくマークしないと，採点されません。

（解答用紙記入例）

解 答 科 目		
物　理 Physics	化　学 Chemistry	生　物 Biology
◯	◯	●

生物

問1　細胞は，大きくはタンパク質，脂質（lipid），炭水化物（carbohydrate），核酸（nucleic acid）などの有機物（organic compound）と，水や無機塩類（mineral）などの無機物（inorganic compound）からできている。図は，一般的な動物細胞および植物細胞と，大腸菌（*Escherichia coli*）の細胞を構成する物質の割合を質量％で示したものである。図の**A**，**B**，**C**，**D**の名称の組み合わせとして正しいものを，下の①〜⑥の中から一つ選びなさい。 1

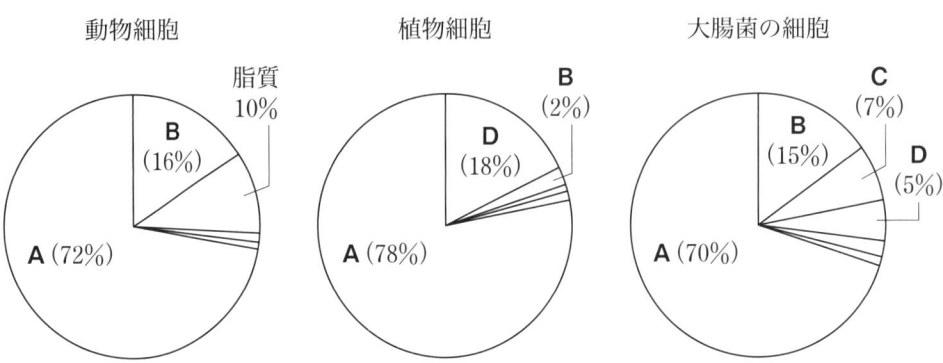

	A	B	C	D
①	水	タンパク質	炭水化物	脂質
②	水	タンパク質	脂質	炭水化物
③	水	タンパク質	核酸	炭水化物
④	タンパク質	水	脂質	炭水化物
⑤	タンパク質	水	炭水化物	脂質
⑥	タンパク質	水	核酸	炭水化物

問2　次の文Ⅰ～Ⅲは，タンパク質の構造について述べたものである。Ⅰ～Ⅲにあてはまるタンパク質の構造の組み合わせとして正しいものを，下の①～⑥の中から一つ選びなさい。　2

Ⅰ　ポリペプチド鎖（polypeptide chain）が部分的につくる，らせん構造や平行なジグザグ構造のことを指す。

Ⅱ　タンパク質において，アミノ酸（amino acid）がどのような順序で並んでいるかということを指す。

Ⅲ　ポリペプチド鎖によってできる，タンパク質全体の立体構造（conformation）のことを指す。

	Ⅰ	Ⅱ	Ⅲ
①	一次構造	二次構造	三次構造
②	一次構造	三次構造	二次構造
③	二次構造	一次構造	三次構造
④	二次構造	三次構造	一次構造
⑤	三次構造	一次構造	二次構造
⑥	三次構造	二次構造	一次構造

一次構造（primary structure），二次構造（secondary structure），
三次構造（tertiary structure）

問3　次の図は，光合成（photosynthesis）の反応経路である。図中の**A**，**B**，**C**，**D**の物質は何か。正しい組み合わせを，下の①〜④の中から一つ選びなさい。　　3

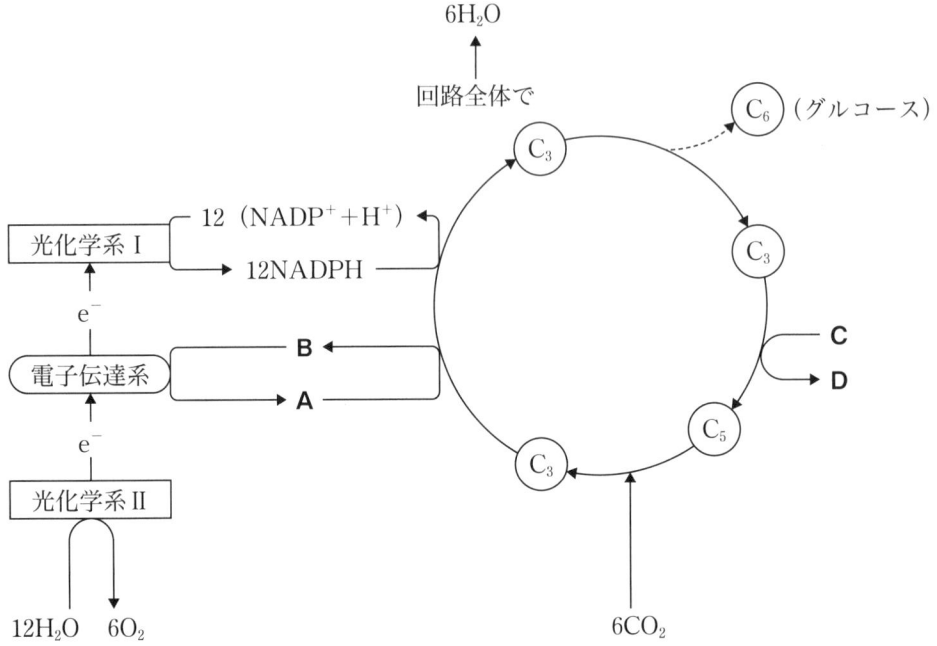

光化学系Ⅰ（photosystem Ⅰ），電子伝達系（electron tramsport system），
光化学系Ⅱ（photosystem Ⅱ），グルコース（glucose）

	A	B	C	D
①	ATP	ADP	ATP	ADP
②	ATP	ADP	ADP	ATP
③	ADP	ATP	ATP	ADP
④	ADP	ATP	ADP	ATP

問4 次の文および図は，植物が土壌中の無機窒素化合物（inorganic nitrogen compound）を利用するしくみを説明している。

　　根から吸収された | a | は | b | を経て | c | にまで還元（reduction）される。| c | はグルタミン酸（glutamic acid）と結合してグルタミン（glutamine）になる。その後，数段階の反応過程を経て，ある酵素（enzyme）のはたらきによって | x | をさまざまな有機酸（organic acid）に移して20種類のアミノ酸（amino acid）を生じる。これに関する下の問い(1), (2)に答えなさい。

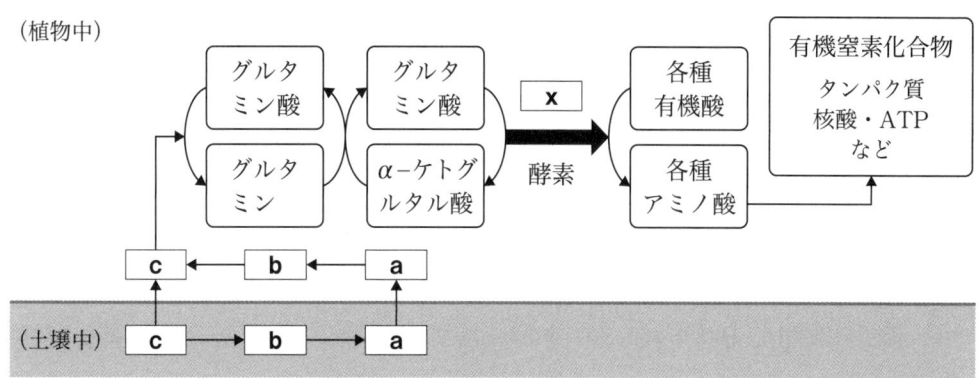

α−ケトグルタル酸（α-ketoglutaric acid），有機窒素化合物（organic nitrogen compound），核酸（nucleic acid）

(1) 文および図中の空欄 | a | ～ | c | にあてはまるイオン（ion）の組み合わせとして正しいものを，次の①～⑥の中から一つ選びなさい。　　　　　　　| 4 |

	a	b	c
①	NO_3^-	NO_2^-	NH_4^+
②	NO_3^-	NH_4^+	NO_2^-
③	NO_2^-	NO_3^-	NH_4^+
④	NO_2^-	NH_4^+	NO_3^-
⑤	NH_4^+	NO_2^-	NO_3^-
⑥	NH_4^+	NO_3^-	NO_2^-

(2) | x | にあてはまる語句を，次の①～④の中から一つ選びなさい。　　　| 5 |

①　−COOH（カルボキシ基）　　　　　②　−NH_2（アミノ基）

③　−OH（ヒドロキシ基）　　　　　　④　−SO_3H（スルホ基）

問5 細胞が分裂（division）を終了してから次の分裂が終わるまでを，細胞周期（cell cycle）という。

図1は，ある時期の植物細胞の模式図である。図2は，細胞分裂（cell division）の過程における細胞1個あたりのDNA量の変化を，模式的に示している。1回の細胞周期は，分裂を行うD期と，分裂の準備を行うA期〜C期に分けられる。これに関する下の問い(1)，(2)に答えなさい。

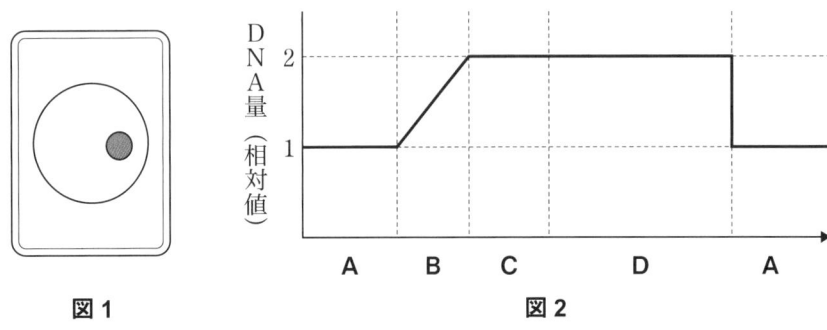

図1   図2

(1) 図1の細胞は，図2のA期〜D期のある時期にはあてはまらない。**あてはまらない時期**として最も適当なものを，次の①〜④の中から一つ選びなさい。　　　　　　6

① A　　　　② B　　　　③ C　　　　④ D

(2) 図2のA期〜C期の細胞周期の名称の組み合わせとして正しいものを，次の①〜⑥の中から一つ選びなさい。　　　　　　7

	A	B	C
①	S	G_1	G_2
②	S	G_2	G_1
③	G_1	G_2	S
④	G_1	S	G_2
⑤	G_2	G_1	S
⑥	G_2	S	G_1

問6 連鎖（linkage）している遺伝子間の組換え（recombination）は，遺伝子間の距離が離れているほど起こりやすい。したがって，組換え価（recombination value）をもとに染色体地図（chromosome map）をつくることができる。同一の染色体（chromosome）上に存在する遺伝子**A**，**B**，**C**について検定交雑（test coss）を行い，次の表のような結果を得た。ただし，〔　〕は表現型（phenotype）を表す。

交雑した 親の遺伝子型 （genotype）	個体数			
AaBb × *aabb*	〔AB〕 189	〔Ab〕 18	〔aB〕 23	〔ab〕 180
BbCc × *bbcc*	〔BC〕 71	〔Bc〕 25	〔bC〕 30	〔bc〕 94
AaCc × *aacc*	〔AC〕 129	〔Ac〕 24	〔aC〕 21	〔ac〕 126

遺伝子**A**，**B**，**C**の位置を染色体地図に示したとき，染色体上のⅠ，Ⅱ，Ⅲにはそれぞれどの遺伝子が存在するか。正しい組み合わせを，下の①～⑥の中から一つ選びなさい。　8

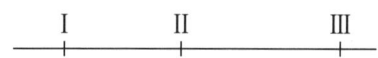

	Ⅰ	Ⅱ	Ⅲ
①	A	B	C
②	A	C	B
③	B	A	C
④	B	C	A
⑤	C	A	B
⑥	C	B	A

問7　次の図は，いろいろな発生時期のウニ（sea urchin）とカエル（frog）の胚（embryo）の外形図や断面図を示したものである。図の**A**〜**E**のうち，ウニの胚はどれか。下の①〜⑤の中から一つ選びなさい。 9

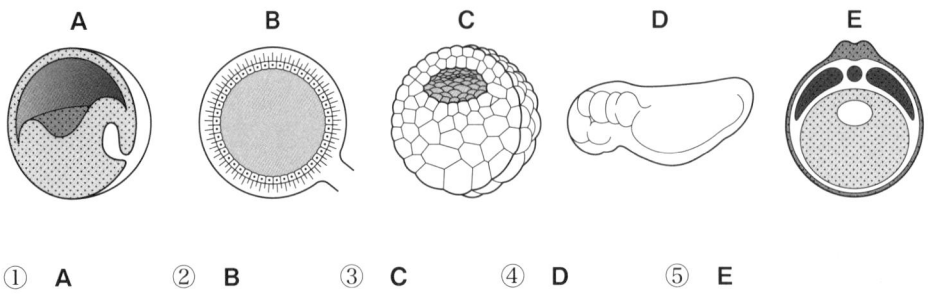

①　A　　　②　B　　　③　C　　　④　D　　　⑤　E

問8　次の文は，ヒトの体液（body fluid）について説明したものである。文中の空欄 a 〜 c にあてはまる語句の組み合わせとして正しいものを，下の①〜⑥の中から一つ選びなさい。 10

ヒトの体液は血管（blood vessel）内を流れる血液，リンパ管（limph duct）内を流れるリンパ液（lymph），組織（tissue）や細胞の間にある組織液（tissue fluid）に分けられ，三者の間には相互に循環がある。血管が傷つくとその部分に a が集まり，血しょう（blood plasma）中の成分から酵素（enzyme）の作用により生じる b というタンパク質が集まった繊維が生成され， c などの血球がからめとられて血ぺい（blood clot）ができる。また，血管の修復とともに血ぺいは取り除かれ，体液は効率よく循環し，体内環境が維持されている。

	a	b	c
①	赤血球	アルブミン	白血球
②	赤血球	トロンビン	血小板
③	白血球	フィブリン	赤血球
④	白血球	アルブミン	血小板
⑤	血小板	トロンビン	白血球
⑥	血小板	フィブリン	赤血球

赤血球（erythrocyte），白血球（leukocyte），
血小板（platelet），アルブミン（albumin），
トロンビン（thrombin），フィブリン（fibrin）

問9 次の文は，尿（urine）の生成について説明したものである。文中の空欄 a ～ d にあてはまる語句の組み合わせとして正しいものを，下の①～⑥の中から一つ選びなさい。

11

糸球体（glomerulus）からボーマンのう（Bowman's capsule）へ血球や a 以外がろ過（filtration）され，原尿（primitive urine）が生じる。原尿が細尿管（腎細管，uriniferous tubule）を通る間に，b，c，d などが再吸収（reabsorption）される。このとき，b は正常であれば 100% 再吸収される。また，c は集合管（collecting duct）でも再吸収される。d は鉱質コルチコイド（mineralcorticoid）というホルモン（hormone）によって再吸収が促進される物質である。再吸収されなかったものが尿となって腎う（renal pelvis）に集められ，尿は腎うから輸尿管（ureter）を通ってぼうこう（bladder）にためられ，排出される。

	a	b	c	d
①	グルコース	尿素	無機塩類	タンパク質
②	グルコース	タンパク質	無機塩類	水
③	グルコース	タンパク質	尿素	水
④	タンパク質	グルコース	尿素	無機塩類
⑤	タンパク質	グルコース	水	尿素
⑥	タンパク質	グルコース	水	無機塩類

グルコース（glucose），尿素（urea），無機塩類（mineral）

問10 からだには，体液（body fluid）中のホルモン（hormone）濃度が適切なレベルになるように調節するしくみが備わっている。甲状腺（thyroid）から分泌（secretion）されるホルモンに関する分泌調節系を図にすると，次のようになる。空欄 ┃ a ┃ ～ ┃ c ┃ にあてはまる器官（organ）やホルモンの組み合わせとして正しいものを，下の①～⑥の中から一つ選びなさい。

┃12┃

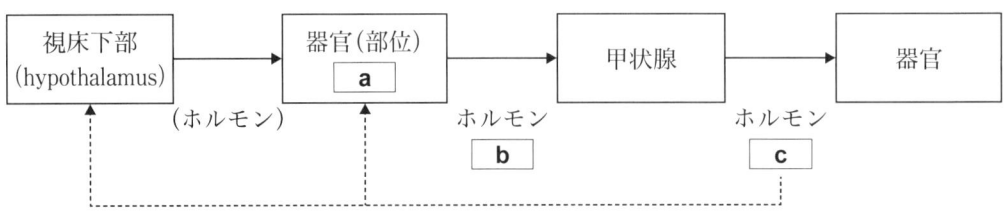

	a	b	c
①	脳下垂体前葉	甲状腺刺激ホルモン放出ホルモン	アドレナリン
②	脳下垂体前葉	甲状腺刺激ホルモン	チロキシン
③	脳下垂体後葉	甲状腺刺激ホルモン放出ホルモン	アドレナリン
④	脳下垂体後葉	甲状腺刺激ホルモン	チロキシン
⑤	副甲状腺	甲状腺刺激ホルモン放出ホルモン	アドレナリン
⑥	副甲状腺	甲状腺刺激ホルモン	チロキシン

脳下垂体前葉（anterior pituitary），脳下垂体後葉（posterior pituitary），

副甲状腺（parathyroid gland），甲状腺刺激ホルモン放出ホルモン（thyrotropin-releasing hormone），

甲状腺刺激ホルモン（thyroid stimulating hormone），アドレナリン（adrenaline），

チロキシン（thyroxine）

問11　自律神経系（autonomic nerve system）は交感神経系（sympathetic nerve system）と副交感神経系（parasympathetic nerve system）からなり，多くの場合，双方の神経が内臓および平滑筋（smooth muscle）や心筋（heart muscle），血管（blood vessel），分泌腺（secretion gland）などにつながって信号を送り，体温や血液循環，消化などのはたらきを調節している。自律神経系に関する説明として**誤っているもの**を，次の①〜⑤の中から一つ選びなさい。 13

①　交感神経は心臓（heart）の拍動（heartbeat）を促進し，副交感神経は抑制する。

②　副交感神経は，心臓や胃（stomach）に分布する。

③　恐怖や過度の感情の高まりなどは，交感神経を介してさまざまな器官に伝えられる。

④　自律神経系は血糖値（blood glucose level）の調節に関係している。

⑤　交感神経は胃腸のぜん動（peristalsis）を促進し，副交感神経は抑制する。

問12　次の文は，免疫（immunity）について述べたものである。文中の空欄 a 〜 c にあてはまる語句の組み合わせとして正しいものを，下の①〜⑥の中から一つ選びなさい。 14

　ある抗原（antigen）が侵入した際に増殖したT細胞とB細胞の一部は記憶細胞（memory cell）となり，その後，ある期間にわたって残されるため，同じ抗原が再び侵入した際には，一度目よりもすばやく強い a を起こす。このことを利用して人工的に免疫を獲得させる方法が b である。そのとき用いる病原体（pathogen）あるいは無毒化した毒素を c という。

	a	b	c
①	免疫寛容	血清療法	血清
②	免疫寛容	予防接種（vaccination）	ワクチン（vaccine）
③	免疫記憶	血清療法	血清
④	免疫記憶	予防接種	ワクチン
⑤	二次応答	血清療法	血清
⑥	二次応答	予防接種	ワクチン

免疫寛容（immune tolerance），二次応答（secondary response），
血清療法（serotherapy），血清（serum）

問13 図はヒトの中枢神経系（central nervous system）の縦断面を示したものである。

自律神経系（autonomic nervous system）と内分泌系（endocrine gland）の中枢があるのは，どの部分か。図中の①〜⑦の中から一つ選びなさい。 15

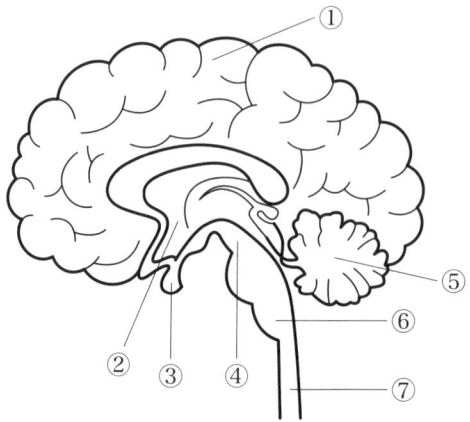

問14 光発芽種子（photoblastic seed）の発芽（germination）には，フィトクロム（phytochrome）と呼ばれる光受容体（photoreceptor）が関わっている。このフィトクロムに関する次の文中の空欄 a 〜 d にあてはまる語句の組み合わせとして正しいものを，下の①〜④の中から一つ選びなさい。 16

フィトクロムは，波長（wavelength）が660 nm 付近の a 光によって b 型に変化し，波長が730 nm 付近の c 光によって d 型に変化する。種子（seed）の中で b 型フィトクロムが増加するとジベレリン（gibberellin）の合成が誘導されて，光発芽種子の発芽が促進される。

	a	b	c	d
①	赤色	P_r	遠赤色	P_{fr}
②	赤色	P_{fr}	遠赤色	P_r
③	遠赤色	P_r	赤色	P_{fr}
④	遠赤色	P_{fr}	赤色	P_r

遠赤色（far red）

問15 個体群（population）内で生まれた個体が成長するにつれてどれだけ生き残るかを示した表を生命表（life table）といい，生命表をもとに描いたグラフを生存曲線（survival curve）という。生存曲線は図の**A**～**C**型のように三つの型に大別される。それぞれの型の生存曲線に関してあてはまる生物の組み合わせとして正しいものを，下の①～⑥の中から一つ選びなさい。　　17

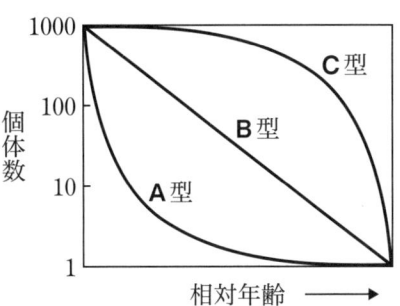

	A型	**B**型	**C**型
①	イワシ	ワニ	サル
②	イワシ	サル	ワニ
③	ワニ	イワシ	サル
④	ワニ	サル	イワシ
⑤	サル	イワシ	ワニ
⑥	サル	ワニ	イワシ

イワシ（sardine），ワニ（alligator），サル（monkey）

問16 生物の分類（classification）に関する次の文中の空欄 a ～ c にあてはまる語句の組み合わせとして正しいものを，下の①～⑥の中から一つ選びなさい。 18

　18世紀に近代分類学の基礎を築いたリンネ（Carl von Linne）は，種（species）を命名するのに属名（generic name）と種名（species name）を併記する二名法（binominal nomenclature）を確立した。近年では，リボソームRNA（rRNA）の塩基配列（base sequence）の解析から，生物全体を a ， b ，真核生物（eukaryotes）の三つの c に分類する考え方が唱えられている。これまで a と b は同じ界（kingdom）に分類されていたが， b のRNAポリメラーゼ（RNA polymerase）の構造が真核生物のものに似ていることなどから，この分類法が広く受け入れられている。

	a	b	c
①	原生生物	原核生物	界
②	原核生物	原生生物	界
③	細菌	古細菌	界
④	古細菌	細菌	界
⑤	細菌	古細菌	ドメイン
⑥	古細菌	細菌	ドメイン

原生生物（protist），細菌（bacteria），
古細菌（archaebacteria），ドメイン（domain）

　生物の問題はこれで終わりです。解答欄の 19 ～ 60 はマークしないでください。
　解答用紙の解答科目欄に「生物」が正しくマークしてあるか，もう一度確かめてください。

数 学 ８０分

【コース２（上級）】

(注意)

1．係員の許可なしに，部屋の外に出ることはできません。

2．試験開始の合図があるまで，この問題冊子の中を見ないでください。

3．試験開始の合図があったら，下の欄に，受験番号と名前を記入してください。

4．足りないページがあったら，手をあげて知らせてください。

5．メモや計算などを書く場合は，問題冊子に書いてください。

6．解答は，解答用紙に鉛筆（HB）で記入してください。

7．問題文中の**A**，**B**，**C**，…には，それぞれ－（マイナスの符号），または，0から9までの数が一つずつ入ります。適するものを選び，解答用紙（マークシート）の対応する解答欄にマークしてください。

8．同一の問題文中に $\boxed{A}$ ， $\boxed{BC}$ などが繰り返し現れる場合，2度目以降は， $\boxed{A}$ ， $\boxed{BC}$ のように表しています。

9．解答に関する記入上の注意

① 根号（$\sqrt{}$）の中に現れる自然数が最小となる形で答えてください。

（例：$\sqrt{32}$ のときは，$2\sqrt{8}$ ではなく $4\sqrt{2}$ と答えます。）

② 分数を答えるときは，符号は分子につけ，既約分数（reduced fraction）にして答えてください。

（例：$\dfrac{2}{8}$ は $\dfrac{1}{4}$，$-\dfrac{3}{\sqrt{6}}$ は $\dfrac{-\sqrt{6}}{2}$ と答えます。）

③ $\dfrac{\boxed{AB}\sqrt{\boxed{C}}}{\boxed{D}}$ に $\dfrac{-4\sqrt{2}}{3}$ と答える場合は，下のようにマークしてください。

【解答用紙】

A	●	⓪	①	②	③	④	⑤	⑥	⑦	⑧	⑨
B	⊖	⓪	①	②	③	●	⑤	⑥	⑦	⑧	⑨
C	⊖	⓪	①	●	③	④	⑤	⑥	⑦	⑧	⑨
D	⊖	⓪	①	②	●	④	⑤	⑥	⑦	⑧	⑨

※試験開始の合図後に，必ず受験番号と名前を記入してください。

受験番号	名　前

数学 コース2
（上級コース）

「解答コース」記入方法

（解答用紙記入例）

　解答コースには「コース1」と「コース2」があり
ますので，どちらかのコースを一つだけ選んで解答し
てください。

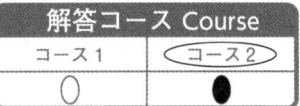

　「コース2」を解答する場合は，右のように，解答用
紙の「解答コース」の「コース2」を〇で囲み，さら
にその下のマーク欄をマークしてください。

選択したコースを正しくマークしないと，採点されません。

I

問1　a を定数とし，2 次関数

$$f(x) = \frac{1}{2}x^2 + (-2a + 2)x + 2a^2$$

の $-2 \leqq x \leqq 2$ における最小値を $m(a)$ とする。

(1)　$f(x)$ のグラフの頂点の座標は

$$(\boxed{\text{A}}\,a - \boxed{\text{B}}\,, \boxed{\text{C}}\,a - \boxed{\text{D}}\,)$$

であり，$m(a) = \boxed{\text{C}}\,a - \boxed{\text{D}}$ となる a の値の範囲は $\boxed{\text{E}} \leqq a \leqq \boxed{\text{F}}$ である。

(2)　$m(-2) = \boxed{\text{G H}}$，$m(4) = \boxed{\text{I J}}$ である。

(3)　$m(a)$ の最小値は $\boxed{\text{K L}}$ である。また，$m(a)$ が最小となるときの a の値において，$-2 \leqq x \leqq 2$ における $f(x)$ の最大値は $\boxed{\text{M N}}$ である。

― 計算欄（memo）―

問2 箱の中に A，B，C の文字が書かれたカードがそれぞれ 1 枚ずつ，計 3 枚入っている。箱の中からカードを 1 枚取り出し，書かれていた文字を記録して元に戻す。これを 4 回繰り返し，記録した文字を順に左から並べ，4 文字の文字列をつくる。この文字列について，A の文字の数を X とし，Y を次のように定める。

・文字列に A が 1 つもないときは $Y = 0$ とする。

・文字列に A が含まれるが，A が 1 つだけのときや 2 つ以上の A が隣り合わないときは $Y = 1$ とする。

・文字列に A が含まれ，2 つ以上の A が隣り合うとき，隣り合う A の数を Y とする。

　例えば，「AAAB」のときは $X = 3$，$Y = 3$ であり，「ABAC」のときは $X = 2$，$Y = 1$ であり，「AABA」のときは $X = 3$，$Y = 2$ である。

(1)　$Y = 4$ となる確率は $\dfrac{1}{\boxed{\text{OP}}}$ である。

(2)　$Y = 2$ となる確率は $\dfrac{\boxed{\text{QR}}}{\boxed{\text{ST}}}$ である。また，$Y = 2$ であったときに，$X = 2$ である

条件付き確率は $\dfrac{\boxed{\text{U}}}{\boxed{\text{V}}}$ である。

(3)　$Y = 1$ となる確率は $\dfrac{\boxed{\text{WX}}}{\boxed{\text{YZ}}}$ である。

― 計算欄（memo）―

Ⅰ の問題はこれで終わりです。

$$\boxed{\text{II}}$$

問1 漸化式

$$a_1 = 1, \ a_{n+1} - 2a_n = 5n + 1 \ (n = 1, \ 2, \ 3, \ \cdots)$$

で定まる数列 $\{a_n\}$ の一般項を求めよう。

数列 $\{b_n\}$ を

$$b_n = a_{n+1} - a_n$$

で定めると, $\{b_n\}$ は

$$b_1 = \boxed{\text{A}}, \ b_{n+1} - \boxed{\text{B}} b_n = \boxed{\text{C}}$$

を満たす。したがって

$$b_n = \boxed{\text{D}} \cdot \boxed{\text{E}}^{n} - \boxed{\text{F}}$$

であり

$$a_n = \boxed{\text{G}} \cdot \boxed{\text{H}}^{n} - \boxed{\text{I}} n - \boxed{\text{J}}$$

である。

― 計算欄 （memo） ―

問 2 xy 平面上に 2 点 P$(-2, 1)$, Q$(4, 4)$ がある。また，点 R は直線 $\ell : y = x - 2$ 上を動くものとする。

(1) 直線 PQ の方程式は

$$y = \frac{\boxed{K}}{\boxed{L}} x + \boxed{M}$$

である。

また，点 R の x 座標が -2 のとき，点 R と直線 PQ の距離は $\boxed{N} \sqrt{\boxed{O}}$ であり，三角形 PQR の面積は $\boxed{PQ}$ である。

(2) 直線 ℓ について，点 P と対称な点の座標は

$$(\ \boxed{R}\ ,\ \boxed{ST}\ )$$

である。

また，線分 PR と線分 QR の長さの和 PR $+$ QR が最小となる点 R の座標は

$$\left(\frac{\boxed{UV}}{\boxed{W}} ,\ \frac{\boxed{XY}}{\boxed{Z}} \right)$$

である。

― 計算欄 (memo) ―

Ⅱ の問題はこれで終わりです。

III

関数 $f(x)$ を

$$f(x) = \frac{2x+1}{x+2} \log \frac{2x+1}{x+2}$$

とする。$f(x)$ の定義域は $x < \boxed{\text{AB}}$, $\dfrac{\boxed{\text{CD}}}{\boxed{\text{E}}} < x$ である。

(1) $f(x)$ の導関数 $f'(x)$ は

$$f'(x) = \frac{\boxed{\text{F}}}{(x + \boxed{\text{G}})^{\boxed{\text{H}}}} \left(\log \frac{2x+1}{x+2} + \boxed{\text{I}} \right)$$

である。

(2) 次の文中の $\boxed{\text{J}}$, $\boxed{\text{N}}$, $\boxed{\text{O}}$ には，下の選択肢⓪，①のどちらか適するものを選び，他の $\boxed{}$ には適する数を入れなさい。

$f(x)$ は区間 $x < \boxed{\text{AB}}$ で $\boxed{\text{J}}$ し，区間 $\dfrac{\boxed{\text{CD}}}{\boxed{\text{E}}} < x < \dfrac{\boxed{\text{K}} - e}{\boxed{\text{L}} e - \boxed{\text{M}}}$ で $\boxed{\text{N}}$

し，区間 $\dfrac{\boxed{\text{K}} - e}{\boxed{\text{L}} e - \boxed{\text{M}}} < x$ で $\boxed{\text{O}}$ する。

⓪ 増加 　　① 減少

(3) 次の文中の $\boxed{\text{P}}$ には，下の選択肢⓪～⑨の中から適するものを選び，$\boxed{\text{Q}}$, $\boxed{\text{R}}$ には適する数を入れなさい。

a を実数とする。x についての方程式 $f(x) = a$ が解をもたないとき，a は

$$a < \boxed{\text{P}} \quad \text{または} \quad a = \boxed{\text{Q}} \log \boxed{\text{R}}$$

を満たす。ただし，$\displaystyle \lim_{x \to +0} x \log x = 0$ を用いてもよい。

⓪ 0 　　① 1 　　② $\dfrac{1}{2}$ 　　③ $-\dfrac{1}{2}$ 　　④ e

⑤ $-e$ 　　⑥ $\dfrac{1}{e}$ 　　⑦ $-\dfrac{1}{e}$ 　　⑧ $\dfrac{2}{e}$ 　　⑨ $-\dfrac{2}{e}$

― 計算欄（memo）―

Ⅲ の問題はこれで終わりです。 Ⅲ の解答欄 **S** ～ **Z** はマークしないでください。

$\boxed{\text{IV}}$

a を定数とし，曲線 C_1 と C_2 を

$$C_1 : y = \sin 2x \left(0 \leqq x \leqq \frac{\pi}{2} \right)$$

$$C_2 : y = a \cos x \left(0 \leqq x \leqq \frac{\pi}{2} \right)$$

とする。曲線 C_2 が $0 < x < \dfrac{\pi}{2}$ において曲線 C_1 と交点をもち，曲線 C_1 と x 軸によって囲まれる部分の面積を 2 等分するときの a の値を求めよう。

$0 < x < \dfrac{\pi}{2}$ における C_1 と C_2 の交点の x 座標を k とすると

$$\sin k = \frac{a}{\boxed{\textbf{A}}}$$

であり，$0 < k < \dfrac{\pi}{2}$ であるから，a の値の範囲は

$$\boxed{\textbf{B}} < a < \boxed{\textbf{C}}$$

である。

曲線 C_1 と x 軸によって囲まれる部分の面積を S_1 とすると

$$S_1 = \boxed{\textbf{D}}$$

である。また，曲線 C_1 と C_2 によって囲まれる部分の面積を S_2 とすると

$$S_2 = a (\boxed{\textbf{E}} - 1) + \frac{1}{2} (\boxed{\textbf{F}} + 1)$$

である。ただし，$\boxed{\textbf{E}}$，$\boxed{\textbf{F}}$ には，下の選択肢⓪～③の中から適するものを選びなさい。

    ⓪ $\sin k$ ① $\cos k$ ② $\sin 2k$ ③ $\cos 2k$

したがって

$$S_2 = \frac{\boxed{\text{G}}}{\boxed{\text{H}}} a^2 - a + \boxed{\text{I}}$$

である。

$S_1 = 2S_2$ および $\boxed{\text{B}} < a < \boxed{\text{C}}$ より，求める a の値は

$$a = \boxed{\text{J}} - \sqrt{\boxed{\text{K}}}$$

である。

― 計算欄 (memo) ―

$\boxed{\text{IV}}$ の問題はこれで終わりです。 $\boxed{\text{IV}}$ の解答欄 $\boxed{\textbf{L}}$ 〜 $\boxed{\textbf{Z}}$ はマークしないでください。

コース２の問題はこれですべて終わりです。解答用紙の $\boxed{\text{V}}$ はマークしないでください。

解答用紙の解答コース欄に「コース２」が正しくマークしてあるか，もう一度確かめてください。

실전모의고사
제 2 회

실전모의고사　제2회

日本語

１２５分

（注意）

1. 係員の許可なしに，部屋の外に出ることはできません。

2. 試験開始の合図があるまで，この問題冊子の中を見ないでください。

3. 試験開始の合図があったら，下の欄に，受験番号と名前を記入してください。

4. 各部分の解答は，指示にしたがって始めてください。指示されていない部分を開いてはいけません。

5. 足りないページがあったら，手をあげて知らせてください。

6. メモなどを書く場合は，問題冊子に書いてください。

7. 記述の解答は，記述用解答用紙に日本語で書いてください。読解・聴読解・聴解の解答は，解答用紙（マークシート）の解答欄に鉛筆（HB）でマークし，訂正したいマークは消しゴムできれいに消してください。

8. 読解・聴読解・聴解の問題は，問題文に　1 ，　2 ，　3 ，…がついています。その番号と同じ解答用紙（マークシート）の解答欄にマークしてください。

※試験開始の合図後に，必ず受験番号と名前を記入してください。

受験番号	名　　前

記 述 問 題
説 明

　　記述問題は，二つのテーマのうち，<u>どちらか一つ</u>を選んで，記述
用解答用紙に書いてください。

　　解答用紙の<u>**テーマの番号**</u>を○で囲んでください。

　　文章は横書きで書いてください。

　　解答用紙の裏（何も印刷されていない面）には，何も書かないで
ください。

일본어

記述問題

以下の二つのテーマのうち，どちらか一つを選んで400〜500字程度で書いてください（句読点を含む）。

1　近年，大学は社会利益に直結する研究を優先させるべきだ，という考えが強くなってきているようです。

　この意見について，あなたはどのように考えますか。「社会利益に直結する研究」以外に大学が行うべき研究を一つ挙げた上で，あなたの考えを述べなさい。

2　進展する国際化社会で生きていく上で大切なことは外国語の習得である，という考えがあります。

　この意見について，あなたはどのように考えますか。「外国語の習得」以外に大切なことを一つ挙げた上で，あなたの考えを述べなさい。

> 　問題冊子の表紙など，記述問題以外のページを書き写していると認められる場合は，０点になります。

— このページに問題はありません —

일본어

読 解 問 題
説 明

読解問題は，問題冊子に書かれていることを読んで答えてください。

選択肢１，２，３，４の中から答えを一つだけ選び，読解の解答欄にマークしてください。

I　次の文章で，筆者は，勉強のできる子とはどのような子だと言っていますか。　1

　勉強というのは，決して楽なものではありません。むしろ，苦しいことのほうが多いでしょう。これは，どんなに勉強ができる人にとっても，同じだと思います。

　では，勉強ができる子とできない子の差とは何でしょうか？

　それは，勉強から逃げない「心の強さの差」だと言えるのではないでしょうか。子どもが将来，自分で稼いで幸せに生きていくためには，絶対に「学力」が必要です。ですから，子どものころから，しっかりと勉強をする必要があるわけです。

　いくら勉強が嫌いであっても，いずれは必要になるときがきます。であるならば，「勉強は嫌いだ，苦しいから嫌だ」などと逃げているのは損です。

　どうせやらなければならないのならば，勉強から逃げるのではなく，むしろ，「苦にならないような工夫」をしたほうが絶対に得なわけです。

　そう考えられるのが，苦しさから逃げない「心の強い子」であり，勉強が「できる子」と言えるのではないかと思います。

（和田秀樹『「心が強い子」は母親で決まる！』三笠書房　を参考に作成）

1．将来のためという明確な目的意識を持って勉強できる子
2．勉強の苦しさから逃げない心の強さを持っている子
3．効率的に学力を上げる方法を知っている子
4．勉強は誰にも負けないという強い競争心を持っている子

II　次のお知らせの内容と合っているものはどれですか。　　　　　　　　2

学生用掲示板利用について

　本学では，サークル活動やゼミ活動に関するポスター等を掲示する学生用掲示板が設置されています。掲示する際は，以下の事項を守るようにしてください。

【掲示板の場所】１号館入口前，正門付近，緑門付近

【申請について】

・掲示板に掲出するには，学生サポートセンターに，申請書と掲示物を提出する必要があります。申請書には，学生証のコピー・連絡先・掲示理由・希望掲示時期・団体名を明記してください。

　※掲示物のサイズは，Ａ３サイズ以下とします。また，掲示物には必ず団体名を明記してください。

　※申請書は，掲示希望日の７日前までに提出してください。

　※申請書は，学生サポートセンターに置いています。また，学生サポートセンターWebサイトからダウンロードすることも可能です。

・審査の上，掲示可能と認められたものは，学生サポートセンターが掲示します。

【注意事項】

・掲示期間は，原則１カ月とします。特別な申請がない限り，１カ月経過した時点で，順次撤去します。

・掲示物は，１団体につき１枚限りとします。ただし，文化祭の時期はその限りではありません。

学生サポートセンター

１．掲示物の大きさや表記に関して，特別な決まりはない。

２．掲示期間が過ぎたら，自分で掲示物を撤去しなければならない。

３．申請の段階では，掲示物を申請書とともに提出する必要はない。

４．文化祭の時期は，１団体につき２枚以上掲示することも可能である。

Ⅲ　次の文章で述べられている，男女の賃金格差に関する内容として，正しいものはどれですか。

3

　わが国は学歴社会であると国民の多くが理解しているが，学歴差による所得格差は他の先進国と比較して実は小さい。例えば，大卒・高卒間の賃金格差は欧米諸国より小さい。この事実から見れば，わが国は学歴社会ではない。わが国でいう学歴社会というのは，卒業大学名の違いや大卒と高卒の間で，その後の人生経路において違いが大きいという意味で理解されており，学歴差による賃金差や所得差の意味は小さく，その意味に限って学歴社会ではないと理解した方がよい。

　したがって，男女の賃金格差に関して言えば，男女の学歴差が直接の影響力として賃金格差に反映されているとは言えない。すなわち，男性と女性では卒業学校レベルの差というのは過去に歴然としてあったわけであるが，そのこと自体が直接に男女間の賃金格差として現れたのではない。むしろ，男女の学歴差が従事する職業による差，課長，部長といった階級（地位）の差として現れたのであり，職業や地位による差が賃金差に反映されたと理解すべきである。これは男女間の学歴差が間接的に職業・階級差を通じて，賃金格差を生んだものといってよい。

（橘木俊詔『いま，働くということ』ミネルヴァ書房　を参考に作成）

１．男女の学歴差と男女の賃金格差との間には，何の関係も認められない。

２．男女の賃金格差は，日本よりも欧米諸国の方が大きい。

３．男女の賃金格差は，男女の職業や階級の違いによるところが大きい。

４．男女の学歴差が小さくなるにつれて，男女の賃金格差も小さくなった。

Ⅳ　次の文章で，筆者が最も言いたいことはどれですか。　　　　　　　　　4

　いまの医学では，「健康」とは何か，ということがわかりません。わかっていることは次のようなことです。なんとなく具合が悪いようなので，とりあえず病院に行ってみる。すると，では検査をしましょうということになります。

　この検査というのは，「こういう数値だと病気ですよ」という指標を調べるものなのです。そのため，採血や採尿をして数値を計って，「いま，あなたの肝臓はちょっと悪いですよ」とか，「あなたは貧血気味ですよ」とか，また，「だいぶ胃が弱っていますよ」ということを示したにすぎないわけです。しかも，その判断基準となる数値が，西洋医学においては，統計的な平均値によるものなのです。

　その種の検査を全部おこなって，何も基準値を超えないときに，「いま，あなたは病気ではありません」といわれただけの話で，しかもその検査方法が病気を100パーセントチェックするまでには至りませんから，「いまの検査ではあなたは病気ではない」というだけで，完全な「健康」を保証したとはいえないのです。

　ですから，いまの医学では，完全な「健康」というのがわからないのです。医者なり受診者本人なりが，「ああ，何も数値的にひっかからなかったから健康だ」と思っているだけなのです。

（渥美和彦『自分を守る患者学』PHP研究所　を参考に作成）

１．検査は，部分よりも全体の健康判断に適している。
２．西洋医学は，健康の定義を明確に定める必要がある。
３．検査の結果が悪くとも，病気になるとは限らない。
４．検査だけでは，本当に健康かどうかは判断できない。

V　次の文章の内容と合っているものはどれですか。　　　5

　時代が進むにつれて，生活スタイルも変わる。実際には，今日と明日の差をはっきり意識しにくいほど，なだらかな変化である。だがしかし，過去をふり返ってみるとたしかに変化している。だとすれば，どこかの節々でわずかばかりの変化が起きているわけだ。その変化の核となるのは，価値観や姿勢など意識の問題が大きい。

　あまり変わり映えのしない生活のなかでも，新鮮さや刺激を求めることがある。見馴れたモノやコトを異質化，つまり新たにしたいという気持ちが起きるものだ。逆に大きく生活変化を起こす刺激に対しては，すこしでも現実とのバランスをとろうという*馴質的な感覚が，ブレーキとして働く。だから新たな生活を創造しようという提案は，かなり"異質"な刺激ある提案となる。

　新たな生活創造を提案したとしても，本当にそれで豊かな生活がもてるのかどうか，未来の生活の質的向上を目指すに値するかどうかは，社会の支持，つまりコンセンサスがいる。

（田中央『商品企画のシナリオ発想術』岩波書店）

　＊馴質的：これまでと同じでありたいということ

１．大きな変化を伴う生活創造の提案は，人々の抵抗を受けがちである。
２．生活スタイルは，価値観がひっくり返るほどの大きな刺激がなければ変化しない。
３．社会的な支持がなくとも，生活スタイルを急激に変えることは可能である。
４．生活スタイルに変化をもたらすのは，価値観の変化ではなく経済構造の変化である。

VI　次の文章で，筆者は，近年の科学はどのようなものになっていると言っていますか。　　6

　　自然の観察から始まった科学であったけれど，近年になって（だいたい20世紀くらいから），理論が先行するようになった。それまでは，現象の観察から法則性を見出した。まず実験をして，そこから道理を導いた。しかし，観察や実験ができる範囲のことがだんだん確かめられ，知見が蓄積してくると，既存の理論に立脚した理論が組み立てられるようになる。これまでみんなで協力して築いた理屈を駆使して，どんどん未知の領域へ想像を向ける。

　　そういった先進の理論は，大まかにいえば，「こう考えたらどうだろう？　こう考えれば辻褄が合うのでは？」という仮説である。その考え方が正しいかどうかは，すぐにはわからない。ただ，そう考えることによって矛盾が大幅に少なくなる，という意味で，「確からしい」という感覚をみんなに与える。そして，その後，技術的な問題を克服して，それが実験で確かめられるようになる。

　　この頃では，「確かそうな仮説」を確かめるために実験を行うのである。こうして，最先端科学では，さきに理屈があり，そのあと（何十年もあとだったりする）実験で確認される，という事例が増えてきた。

（森博嗣『科学的とはどういう意味か』幻冬舎）

1．観察や実験は行われず，理論の構築だけで成り立っている。
2．理論が単なる仮説となり，理論の確からしさが低下している。
3．仮説としての理論が先行し，その確認のために実験や観察が行われる。
4．技術の発達により，理論よりも観察や実験の方が重視されている。

VII 次の文章で，筆者は，語ることにはどのような機能があると言っていますか。 〔7〕

　私たちは日々さまざまな経験を重ねていますが，経験そのものは言語構造をもっていないため語ることはできません。経験そのものと語られた経験との間には，経験をすくいとる道具としての言葉を用いて意味を紡ぎ出すという行為，すなわち語るという行為が介在します。

　誰でも，まだ言葉にならないモヤモヤした感情や衝動を自分の中に感じることがあります。そうした感情や衝動について語るためには，その形の定まらないものに形を与える必要があります。言葉によって明確な形を与えることで，そうした経験について語ることができるようになるのです。すなわち，語るということは，まだ意味をもたない解釈以前の経験に対して，語ることのできる意味を与えていくことであるということができます。私たちは，自分の経験を語るとき，語りながら自分の経験にまつわる意味を生み出し，自分の経験を整理しているのです。ここに語ることのもつ重要な機能があります。

（榎本博明・安藤寿康・堀毛一也『パーソナリティ心理学』有斐閣）

1．自分の経験を忘れがたいものにする機能
2．自分の経験を他者と共有可能なものにする機能
3．自分の経験を抽象化する機能
4．自分の経験を意味づけ明確化する機能

Ⅷ　次の文章で，筆者はどのようなアドバイスをしていますか。　　　　　8

　＊意思決定フレームワークを使っても，使い方を誤っている人を多く見かけます。よくあるのが，選択肢を絞り込むのに，複数の基準をリストアップするのはよいのですが，全部を同列に扱っている，という失敗です。

　たとえば，結婚相手を決めるのに，ルックス，スタイル，性格，年収，身長，学歴などの基準で候補者を評価して，総合点で判断するというケースです。これだと，いずれの候補者もそれなりの点を獲得して，優劣の差がつかなくなってしまいます。ちょっとした評価のさじ加減で結果が大きく変わってしまい，直観で決めるのと変わらなくなります。

　こういった基準には優先順位があるはずです。重要な基準とそうでないものが混じっており，重みづけをした上で評価しないと正しい判断になりません。思い切って大胆に重みに差をつけることで，個性的な判断が下せます。平均的な選択では意味をなさないのです。

（堀公俊『フレームワークの失敗学』PHP研究所）

　＊意思決定のフレームワーク：複数の選択肢の中から合理的に１つを決定するための方法・枠組みのこと

１．主観を挟まず基準の総合点で決めること
２．最終的には直観で決めること
３．基準をあまり多くしすぎないこと
４．基準同士の間に重要度の差を設けること

IX　下線部「野生で暮らしている動物はみな美しい」という意見について，筆者はどのように考えていますか。　　　　　　　　9

　「野生で暮らしている動物はみな美しい」と人はいう。そして「動物園で暮らす動物にはくたびれているのが多い」という。確かに，そのとおりだ。だが，それは「動物園の暮らしが悲惨だから」では決してない。野生の世界には，年老いたものや体の不自由なものがいないからだ。若くて元気で美しいものしかいないからである。

　なぜ野生には，年老いたものがいないのか。“老い始めたとき”に死んでしまうからである。自力でエサをとれなければ死ぬしかない。敵から逃げる体力がなければ死ぬしかない。誰が見ても「年寄り」とわかる年令まで，野生の世界で生きのびることなど不可能なのだ。ケガで動けないものや不自由な体になってしまったものも同じだ。幼いもの同様，弱いものから順に捕食者の犠牲になり，残るのは若くて元気なものばかりということなのだ。

　　　　　　　　　　（加藤由子『みんなが知りたい動物園の疑問50』SBクリエイティブ）

１．野生では老いた動物は死ぬしかない以上，それは当然のことである。

２．人間の価値観で，その動物が美しいか否かを決めるのは間違っている。

３．美しい野生動物はごく一部に過ぎず，それが見られるのはきわめて稀である。

４．動物園の動物は確かに美しくはないが，命の危険がないので幸せである。

X　次の文章で，筆者は，学生のレポートがつまらなかったのはなぜだと考えていますか。 10

　ものを考えるということは，一見，モノローグのように見えるが，実は対話である。無意識の
うちに相手の反応に触発されている部分が大きいのである。

　大学で教えていたときにこんなことがあった。よく質問してくる学生がいて，それがいつもた
いへんおもしろい質問なのだ。だんだん「この学生はなかなか可能性がある」と思うようになっ
て，その学生が期末にどんなレポートを書いてくるか楽しみにしていたら，レポートがすごくつ
まらなかったのである。なぜか。おそらくはこうだ。その学生は，質問しているときには具体的
な他者，すなわち私に向かってしゃべっている。そのときの方が思考が刺激されておもしろい論
点に自分で気がつくのだが，いざレポートを書く際には一般論みたいに書かなければいけないと
いう構えになり，そうなったとたんに，急に頭が固くなってしまったのだろう。

　本や論文は，最終的には誰に向かって語っているかわからないようなスタイルで書かれること
が普通だけれども，そこには対話がないといけない。要するに，人に話したくなるようなことじゃ
ないと書いても意味がないと思うのだ。「どうしても聞いてほしいんだよ，このことは」という
ものがないと。

（大澤真幸『思考術』河出書房新社）

1．レポートを書くにあたって，適当な対話相手がいなかったから
2．対話を意識してレポートを書くことができなかったから
3．独創的なことを考えるのは得意だが，一般論を書くのは苦手だから
4．筆者と対話をしたことのない内容が，レポートで問われていたから

このページに問題はありません。

次のページに進んでください。

XI　次の文章を読んで後の問いに答えなさい。

　自分はどんな仕事に向いているのか。この問いは，自分は本当は何をしたいんだろうという問いと同じく，若い人が進路を決めたり，仕事を選んだりする際に大きな壁となって立ちはだかることがあります。いや，近年は若い人だけではないでしょう。人生が長くなり，仕事も職場も第二，第三と変わっていくなかでは誰もが自問することかもしれません。

　「本当は，料理人に向いているのではないだろうか」，「意外と経理の仕事があっているのか」などと多少なりとも自分に向いている仕事について考えるはずです。しかし，実際には，やってみないと向き不向きはわかりません。とはいえ，結婚と同じように，一般的にはそうたくさんは経験できないので，試してみてこれがよかったという結論に達することは難しいのです。

　そうであれば，やりたいことを第一に考え，やりたいことがすぐに見つからなければ，何かをやりながら模索してもいいのではないでしょうか。最初から向いていること，やりたいことにこだわりすぎると，前には進みません。

　解剖学者で社会批評などの多くの著作がある養老孟司さんは，仕事を「社会に空いた穴」にたとえています。道に穴が空いているとみんなが転んで困るからそこを埋める。それが「仕事」というものであって，社会の役に立つことで成り立っているのだと言います。それを反対に自分に合った穴があるかどうかなどと考えるのは，社会が必要としているかどうかという視点がないと批判しています。仕事というのはいいこともあれば悪いこともあり，合うか合わないかということより，いったん引き受けたら半端な仕事をしてはいけないとも言います。

（川井龍介『フリーランスで生きるということ』筑摩書房）

問1　最後の段落はこの文章において，どのような働きをしていますか。　　11

1．筆者の疑問に対する答えになっている。

2．筆者の意見を引用によって補強している。

3．筆者の主張の具体例になっている。

4．筆者の意見とは別の考えを紹介している。

問2　筆者が最も言いたいことはどれですか。　　12

1．自分に向いている仕事に就ける人は，ほんの一握りである。

2．仕事は，どれだけ社会の役に立っているかという観点で選ぶべきだ。

3．今の仕事が自分に向いていないと思えば，すぐに辞めるべきだ。

4．仕事の適性にあれこれ悩む前に，とにかく始めてみることが大切だ。

XII　次の文章を読んで後の問いに答えなさい。

　　日本では，都市開発で森林を切り開いて来ました。それを，人間による生態系破壊と呼ぶ人が
います。しかし，この言葉の使い方は正しくありません。

　　まず，森林を切り開くとどうなりますか。多くの樹木は死んでしまいますね。すると今まで鬱
蒼とした木々に覆われて暗かった地面に，明るい太陽光が差し込むようになります。その太陽の
光は，それまで地面の中で眠っていた丈の低い草（一年生草本）の種子を目覚めさせます。また，
よそから風や動物によって運ばれてきた種子も，そこで芽吹きます。すると，そこに，草原がつ
くられることになります。しばらくすると，そこには草を餌とする蝶の幼虫やバッタなどが暮
らすようになり，さらに，その昆虫を食べる小鳥が姿を見せるようになります。するとどうでしょ
う。そこには，植物→昆虫→鳥という食物連鎖が生まれました。また，昆虫や鳥の糞，それにそ
れらの生物の死体は土壌中のバクテリアに分解されて無機物に戻り，土壌中の水に溶け込んだ物
質（窒素やリンなど）が，再び根を通して草に取り込まれることになります。（　A　），物質が
循環するようになるのです。

　　このことは，森林を切り開いても，そこには「生態系」がつくられることを示しています。
（　B　），森林の生態系と草地の生態系では，それを構成する生物種が大きく異なり，それに応
じて異なった物質循環経路やエネルギーの流れが生じることになります。したがって，この場合，
森林を切り開いた人間は，「生態系を壊した」のではなく，「生態系を変えた」のです。

（花里孝幸『生態系は誰のため？』筑摩書房）

問1　下線部「この言葉の使い方は正しくありません」とありますが，なぜそのように言えるのですか。　　13

1．森林を切り開くくらいでは，生態系は何の影響も受けないから
2．破壊というのは，あくまで人間の側からなされた評価に過ぎないから
3．森林を切り開くことによって，別の新たな生態系が形成されるから
4．生態系は人間によって破壊されても元の姿に戻る力を持っているから

問2　（　A　）（　B　）に入るものの組み合わせとして，正しいものはどれですか。　　14

1．Aすなわち　　Bただし
2．Aですから　　Bなぜなら
3．Aさらに　　　Bところが
4．Aたとえば　　Bその結果

XIII　次の文章を読んで後の問いに答えなさい。

　　紙の新聞がネットのニュースよりもすぐれている点には，「ニュースの配置」を一覧できる点が挙げられる。新聞では長いキャリアを持った「ニュースの目利き」が，各ニュースをランク付けし，段数（記事の量）や位置を決めている。

　　私は新聞を読むとき，その新聞が何を 1 面トップにもってきているのか，自分がすでによく知っているニュースを各社がどう位置づけているか，逆に自分の知らないニュースをどう位置づけているのかに注目するようにしている。

　　社会，政治，芸能，スポーツなど，いろいろなジャンルにおけるランク付けも面白いし，自分のランク付けと比べる楽しさもある。新聞が何種類かあるときには，各紙を比べて配置を比較する。中味を読む前に，その配置を楽しむのだ。

　　ニュースの重要度に関する判断には違和感を持つものも確かにある。しかし，それはあくまで私個人の見方だ。数百万単位の発行部数を持ち，多くの読者を抱える「大マスコミ」の見方というものを，ひと目で視覚的に直感的に知ることができるという意味で，新聞の紙面に示される「配置」は非常に興味深いのだ。

　　一方で，ネットではニュースの出し方のほとんどが，「時間」に依存している。新しいニュースが常に上に表示され，古いニュースはどんどん押し出されていく。ニュースの内容ではなく，「新しさ」こそに価値が置かれている。

　　一つ一つのニュースには，配信された日付だけでなく，時刻が付記されている。時刻によって，そのニュースの評価や読まれ方は大きく左右される。配信時刻のないニュースは，情報としての価値を持たない。午前と午後，12時間毎に更新される紙の新聞とは，そもそも情報の価値の質が異なるのだ。

（伊藤洋一『情報の強者』新潮社）

問1　筆者が述べている紙の新聞の特徴として，正しいものはどれですか。　　　15

1．ニュースの中身よりも配置を重要視している。

2．ニュースの配置は新聞社によってさほど変わるものではない。

3．ニュースの配置にその新聞社の考えがあらわれている。

4．ニュースの重要度に関する判断は誤っていることが多い。

問2　紙の新聞とネットのニュースは，それぞれ何に価値を置いているのですか。　　　16

1．紙の新聞＝情報の正確さ　　　ネットのニュース＝情報の配信時間

2．紙の新聞＝情報の重要度　　　ネットのニュース＝情報の新しさ

3．紙の新聞＝情報の信頼度　　　ネットのニュース＝情報の多様性

4．紙の新聞＝情報の配置　　　　ネットのニュース＝情報の客観性

XIV　次の文章を読んで後の問いに答えなさい。

　都市を建設するのは権力である。しかし権力が実際に都市を建設するかどうかは，あくまで権力機構内部の「意思決定」の問題である。権力は都市を建設するだけの能力をもっていたからといって，必ずしも都市を建設するわけではないのだ。

　都市は巨大な権力が目的を遂行していくうえで，拠点となる大規模な施設が必要だと判断したときに建設されるのである。そのとき，都市は「都市」として，はじめから"村落"とは異なるものとして建設される。

　日本の古代国家の都市建設を考えてみよう。*律令国家はその拠点として**平城京や***平安京の建設を決定したのである。また，日本の都市には城下町に起源をもつ都市が多い。その城下町の核をなす城は領主の軍事的，政治的，経済的都合によって建設されたのであって，（　A　）。

　この点で，都市の建設はしばしば誤解されてきた。都市は人びとが長年にわたって作りあげてきたという考え方が，それである。それぞれの都市の街並や都市の気風といったものは，人びとの生活からにじみ出てくるものである。その意味では，なるほど都市は長い年月をかけて形成されたものである。これを否定しようとするものではない。

　しかしこの議論には，なぜ，都市が建設されるのかという，都市形成に関する核心の議論が抜け落ちている。都市の中核をなす統合機関の施設は，権力が目的を達成するうえで行ってきた数々の「意思決定」で生み出されるものだからである。街並や気風はあくまで，その結果として形成されるものである。

（藤田弘夫『都市の論理』中央公論社　を参考に作成）

＊律令国家：刑罰に関する法である律と一般行政に関する法である令を基本とした古代の国家
　　　　　　体制
＊＊平城京：8世紀に現在の奈良県に作られた都市
＊＊＊平安京：8世紀に現在の京都府に作られた都市

問1　（　A　）に入るものとして，最も適当なものはどれですか。　　　　17

1．地元民の意向とは無関係であった

2．そこに宗教的な意味合いはなかった

3．村落よりも生活の利便性が高かった

4．その点で他国とは異なっていた

問2　この文章の内容と合っているものはどれですか。　　　　18

1．都市は人々の生活の中から自然発生的に形成される。

2．都市の気風は，都市形成の段階である程度決定されてしまう。

3．権力の意図的な決定がなければ，都市は形成されえない。

4．都市形成において，統合機関の建設が最も重要である。

XV　次の文章を読んで後の問いに答えなさい。

　住まいを建てようとするとき，建築家に相談する人はまだ少ないようである。たしかに建築家に設計を頼まなくても家を建てることはできる。日本の住まいの大部分は建築家抜きで建てられてきた。昔から大工さんに相談すれば簡単な図面を引いて建ててくれるし，今では*プレファブも**建売もあり，注文住宅を設計して工事してくれる業者もある。それなら設計料という余分なお金を費やしてまで建築家に頼む必要はないだろう……多くの方々はこう考えて建築家を敬遠しているのではなかろうか。

　しかしそれならなぜ，少数とはいえ，建築家に住まいの設計を依頼する人々がいるのだろうか？

　それは「本当に自分にシックリと合う家」を望むからだろう。「自分にシックリと合う家」を得ることは昔よりずっと難しくなった。

　それは生活様式，ライフ・スタイルが多様化したからである。第二次大戦前の日本の住まいはよく似ていた。昔だってサラリーマンの家と商人の家は違うというように職業や経済的階層による差はもちろんあったし，関東と関西では造り方が違い，京都の町屋など独特の造りの住まいもあり，また東京のなかでも山の手と下町というような地域差もあった。しかし伝統的な畳中心の日本家屋は，同じ地域で似たような職業についていれば，住まいの造りはだいたい似ていたので，自分の生活体験のなかから親や友人や上司の家を思い出してアレンジすれば，ほぼ思いどおりの家ができたものだった。それなら大工さんに相談するだけで足りる。

　しかし現在では，たとえ隣に住む人や会社で机を並べている同僚との間ですら，食事の仕方，来客の多少，子供の育て方，ホビーの種類などによって，理想とする生活様式やライフ・スタイルが異なる。その点にこだわる人には建築家が必要なのである。

（渡辺武信『住まいのつくり方』中央公論新社）

　＊プレファブ：建築の部材を工場でつくり，それを建築現場で組み立てる方法
　＊＊建売：土地と建物をセットで販売すること

問1　第二次大戦前の日本の住宅状況の説明として，合っているものはどれですか。　19

1．家づくりにこだわりを持っている人が多かった。

2．同じ職業，階層内での住宅の差異は小さかった。

3．家づくりの手本がまわりにほとんどなかった。

4．建築家に設計を依頼する人が数多くいた。

問2　下線部「建築家に相談する人」とは，どのような人だと筆者は考えていますか。　20

1．ほかの人々とは違う，個性的な家を建てたいと思っている人

2．お金が余分にかかっても，造りがしっかりした家を望んでいる人

3．自分のライフ・スタイルに合った家にしたいと思っている人

4．専門的なことは専門家に任せた方がよいと考えている人

XVI　次の文章を読んで後の問いに答えなさい。

　　人間の運動は，一般に「歩く」・「走る」のように先天的に獲得される系統発生的な運動と，「投げる」・「泳ぐ」のように学習があって初めて成り立つ，つまり後天的に獲得される個体発生的な運動に大別できる。しかしながら，この両者は明確に区別されるものではなく，多くの運動は先天的および後天的要因が複雑に関わりあって成り立っている。先天的要因は究極的には遺伝子に帰するので，遠くは人類数百万年の歴史を受け継ぎ，近くは両親から各個人が受け継いでいる。そして，先天的要因が強く働くものは体格であり，動きをともなうようになると，次第に育ちの違い，つまり後天的影響をより強く受けると推定されている。

　　先天的あるいは後天的影響を知るには，双生児研究が最も有効な手段の１つである。これまでの双生児研究では，体格・運動能力・持久力・筋線維組成といった量的因子は先天的影響が強いが，一方の動作自体すなわち遺伝の質的因子は先天的影響がそれほど強くないとされている。しかし，筆者の一卵性双生児を対象にした走幅跳びの研究では，動きをともなう質的要因でも，特別に違う生活環境におかない限り，やはり（　Ａ　）ことが示されている。

　　以上より，動作の巧みさは体格や運動能力といった量的因子ほどには遺伝的影響は強くはないが，「走る」や「跳ぶ」の動作でも遺伝的影響が存在する。その一方，「投げる」のように環境的影響を受けやすい動作もあるといえる。これらの結果は，指導による動作改善の可能性を示すもので，「先天的要因の支配から抜け出し，いかに後天的要因の影響力をもたせるか」，そこに教育と指導の意義があるといえる。

　　　　　　　（深代千之・内海良子『身体と動きで学ぶスポーツ科学』東京大学出版会　を参考に作成）

問1　（　Ａ　）に入るものとして，最も適当なものはどれですか。　　　21

1．遺伝の影響を受けている

2．2人の間に能力の差が現れる

3．後天的な指導の影響が強く現れる

4．先天的な影響はほとんどない

問2　下線部「指導による動作改善の可能性」が大きいものを順に並べたものとして，正しいも
　　のはどれですか。　　　22

1．「投げる」＞体格＞「跳ぶ」

2．運動能力＞「歩く」＞「泳ぐ」

3．体格＞「投げる」＞「歩く」

4．「泳ぐ」＞「走る」＞運動能力

XVII　次の文章を読んで後の問いに答えなさい。

　ある環境においてどの植物が生き残るかということは，どのようにして決まるのでしょうか。

　まず，簡単な例で考えてみましょう。砂漠を考えてみます。砂漠に生きる植物にとって重要なのは，どれだけ乾燥に耐えられるかという乾燥耐性です。もちろん，乾燥耐性が同じなら，「強い光を有効に利用できる」「高温に強い」「夜昼の温度差が大きくても平気」といった別の要因で優劣が決まることもあるかもしれません。しかし，砂漠においては，乾燥耐性に少しでも差があれば，それによって生き残れるかどうかがほぼ決まってしまいますから，おそらくは植物の性質で評価されるのは乾燥耐性に絞られるでしょう。その場合，学校の成績を数学のテストだけで決めるようなものですから，おそらく特定の専門家タイプの植物が他の植物を大きく引き離して有利になるでしょう。砂漠の植生が単調であって，少数の種類の植物によって占められている理由は(1)このあたりにありそうです。

　一方で，(2)より極端ではない環境ではどうでしょうか。その場合には，光や温度，水などさまざまな要因が絡み合いますから，ひとつの特別な要因によって生存が決まるということはないでしょう。つまり，先ほどの学校の例でいえば，すべての教科の試験の総合点で評価される場合に相当します。ただ，試験の総合点といっても，全科目の平均をとるのか，それとも主要教科に重みをつけるのか，さらには日ごろの平常点を考慮するのか，一筋縄ではいきません。同様に，どの環境要因が重視されるかは一概にはわかりませんし，さらにそれらの要因は季節とともに変化していくことも考えられますから，単にひとつの時点で，その環境の要因を一回評価すればよいというものでもありません。時とともに，どの植物が一番有利になるかは移り変わっていくでしょう。

　しかも，サボテンのように乾燥耐性というひとつの環境要因にぴったり合うように自分の体を変えた場合，それによって光を受ける効率など，別の環境要因に対しては，むしろマイナスの作用をもたらしかねません。言葉を変えれば，別の環境要因にも対応しようとすると，サボテンのように乾燥耐性に特化するのは難しくなるわけです。結果として，多くの植物は（　Ａ　）。すると，乾燥耐性などのそれぞれの要因に対して完全に対応することはできなくなりますから，砂漠におけるサボテンのように，他を引き離して圧倒的に有利になる植物は存在しなくなります。温和な環境が，多様な生命に満ちあふれている理由はこのようなところにあるのでしょう。

（園池公毅『植物の形には意味がある』ベレ出版　を参考に作成）

問1　下線部(1)「このあたり」とは具体的にどういうことですか。　　23

1．生き残るために必要な要因を，より多く有している植物が有利になる。

2．単調な生育環境下では，単純な体の作りをしている植物が有利になる。

3．生き残りに必要な要因が限定されており，それを有している植物だけが有利になる。

4．特定の要因だけに特化した植物は，環境の変化についていけず不利になる。

問2　下線部(2)「より極端ではない環境」の説明として，正しいものはどれですか。　　24

1．多様性があるが，それが行き過ぎると植物にとって厳しい環境に変わる。

2．何が重要な環境要因なのかを，一義的に決めることはできない。

3．一回優位性を獲得した植物は，それを永続的に保持することができる。

4．生き残るために必要な要因も，生き残ることができる植物も固定的である。

問3　（　A　）に入るものとして，最も適当なものはどれですか。　　25

1．専門家タイプになるしかありません

2．他の種に対して攻撃的になります

3．別の耐性に特化するようになります

4．万能型にならざるを得ません

聴読解問題
説明

聴読解問題は，問題冊子に書かれていることを見ながら，音声を聴いて答える問題です。

問題は一度しか聴けません。

選択肢１，２，３，４の中から答えを一つだけ選び，聴読解の解答欄にマークしてください。

練習

留守番電話の録音メッセージを聞いてください。この電話をかけた人が学園祭で出るイベントはどれですか。

<学園祭スケジュール>
33rd Festival Time Schedule

	11/1 (Fri)		11/2 (Sat)		11/3 (Sun)	
	講義室 A	講義室 B	講義室 A	講義室 B	講義室 A	講義室 B
2:00	スィングスィング（ジャズ）	雑学クイズ大会	バタフライズ（オペラ）	柔道部実演	ノナカカルテット（クラシック）	ポップシング実演
3:00	卓球トーナメント	ガンガン（パンク）	空手部実演	スネイルズ（ロック）	バスケットボールトーナメント	コクシネルズ（ロック）
4:00		ホップステップ（ダンス）		コント青信号（漫才）		笑う門には（落語）
5:00			コールタンクス（コーラス）			日本舞踊公演
6:00						

1
3
4
2

1番

講師が，オフィスのレイアウトについて話しています。この講師の話によると，現在最も多く採用されているのはどれですか。

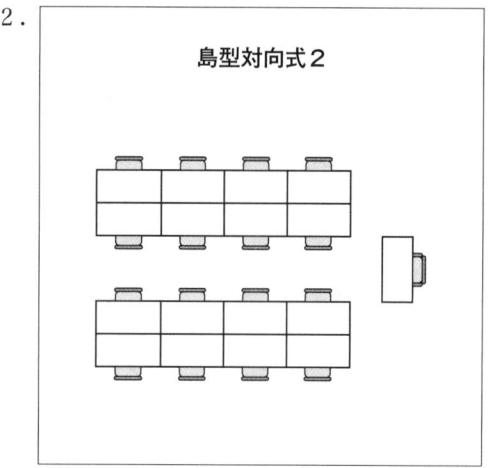

1. 島型対向式1

2. 島型対向式2

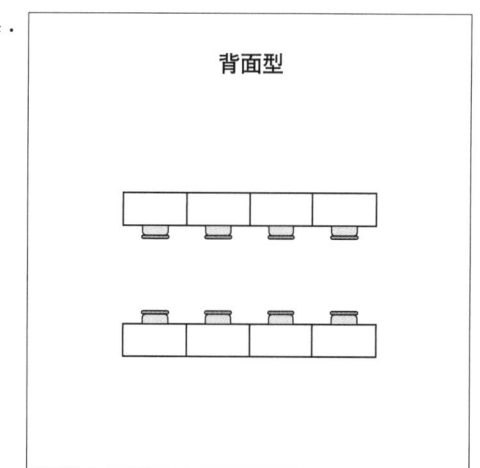

3. トライブ型

4. 背面型

2番

先生が，経営学の授業でビジネスの潜在的な収益規模について話しています。先生が最後に挙げるビジネスの例の説明として，正しいものはどれですか。

2

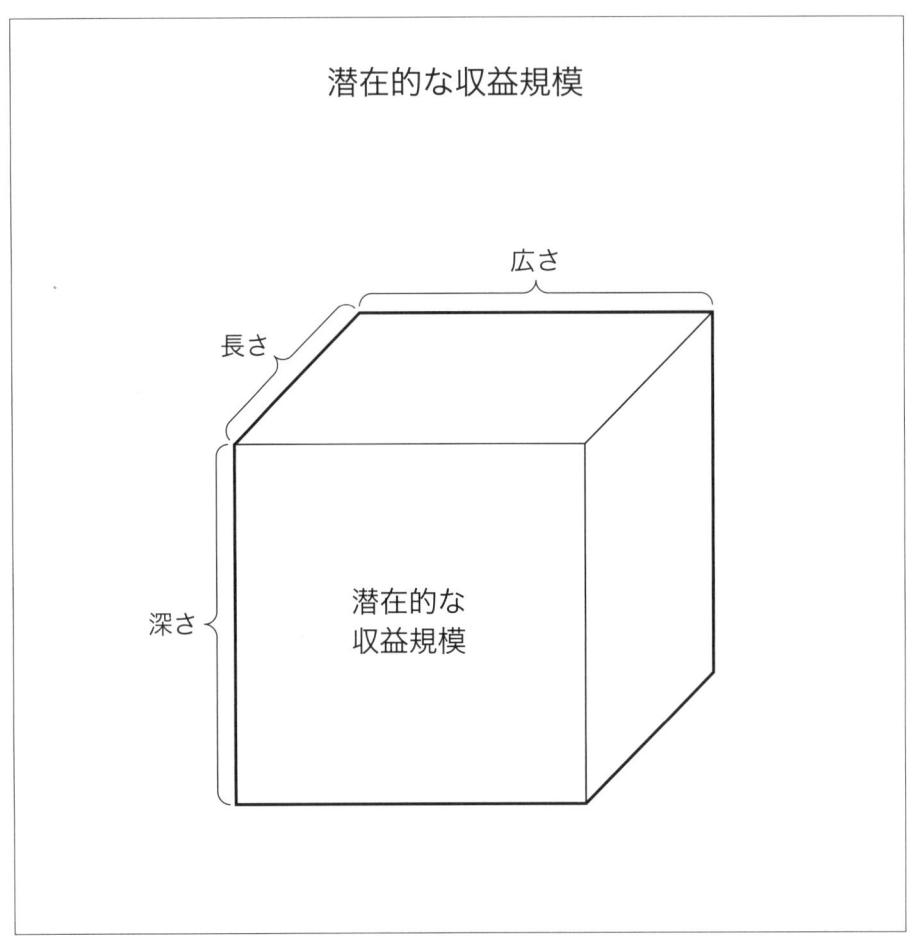

1．「広さ」は十分だが，「深さ」に問題がある。

2．「深さ」は十分だが，「長さ」に注意する必要がある。

3．「広さ」は十分だが，「長さ」に注意する必要がある。

4．「深さ」は十分だが，「長さ」に問題がある。

3番

　先生が，心理学の授業でパーソナルスペースについて話しています。この先生が最後にする質問の答えとして適当なのは図のどこですか。　　　　　　　　　　　　　　　　　3

４つのパーソナルスペース

a. 密接距離（0 〜 45cm）
　　親子や恋人など，ごく親しい人に許される空間

b. 個体距離（45 〜 120cm）
　　私的な話し合いなどを行う表情が読み取れる空間

c. 社会距離（1.2 〜 3.5m）
　　職場で仕事の話をするときなどの声が十分に届く空間

d. 公共距離（3.5 〜 7m）
　　講演者と聴衆の関係のように，複数の人を見渡せる空間

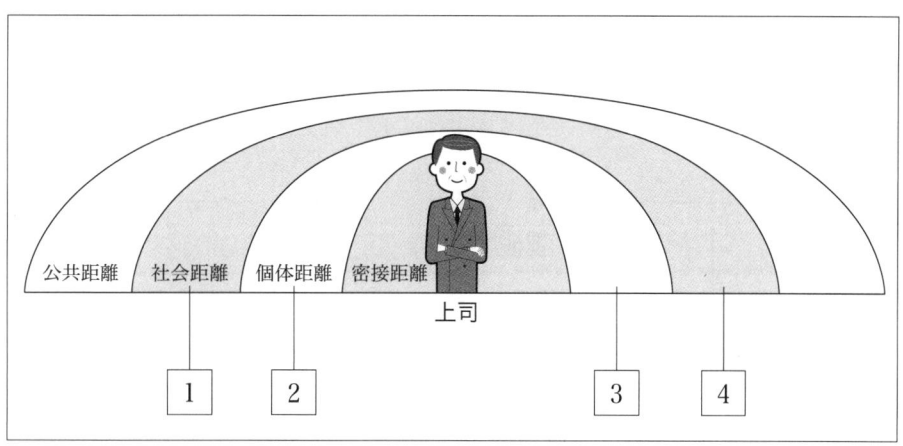

4番

先生が，座標を使って考える方法について話しています。この先生が話している例を座標に表すと，どのようになりますか。

4

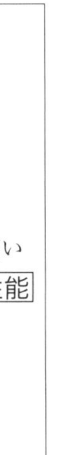

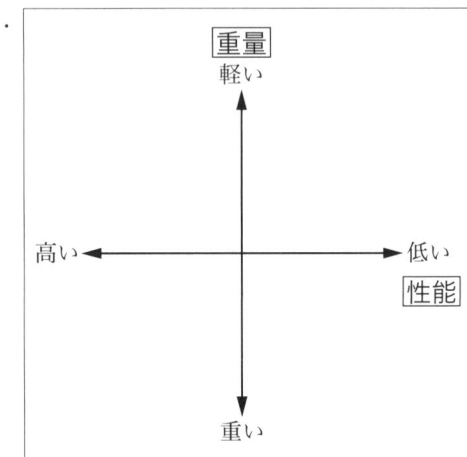

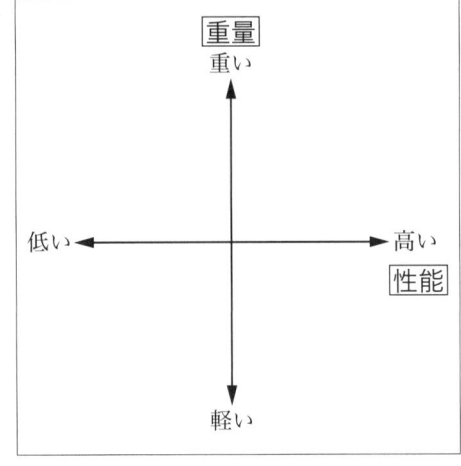

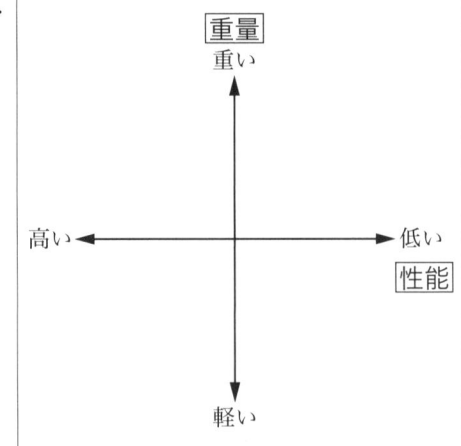

5番

女子学生と男子学生が，調査の結果について話しています。この女子学生がはじめに書いてきたグラフと，書き直したグラフの組み合わせとして，正しいものはどれですか。 　5

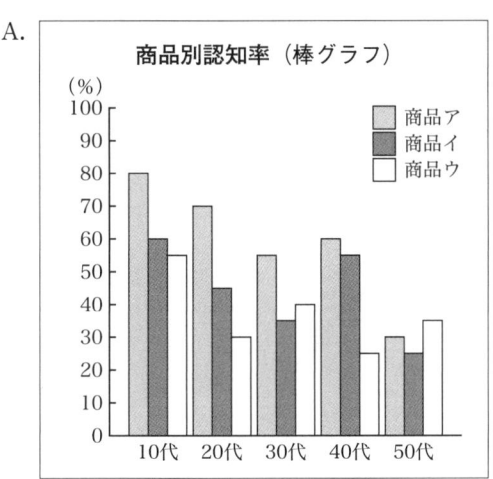

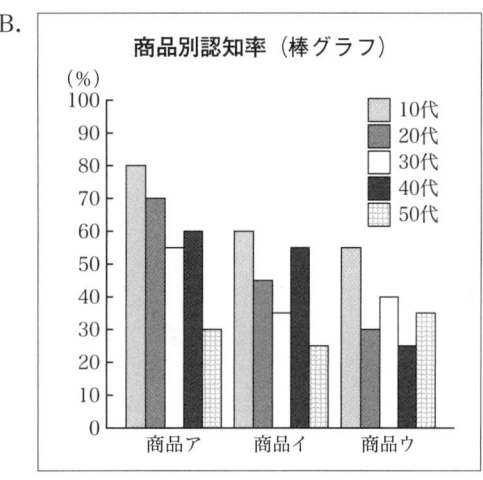

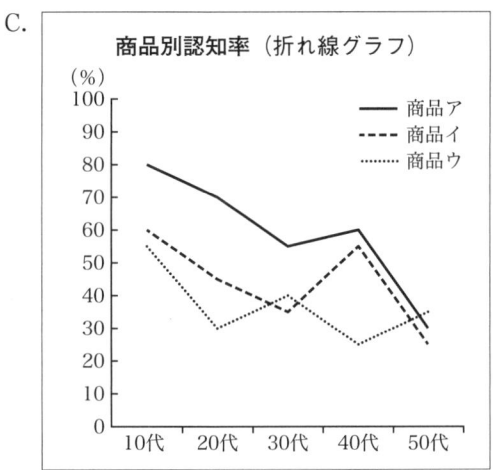

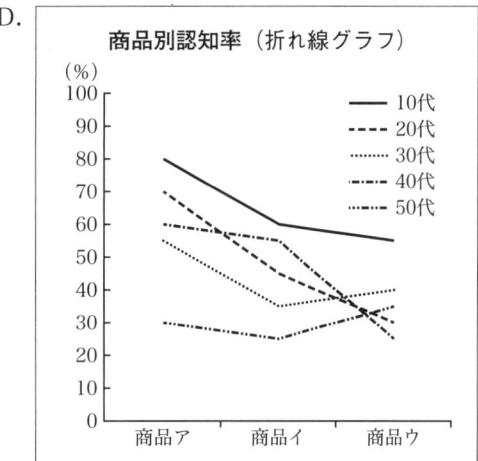

1. はじめ＝B　　あと＝A

2. はじめ＝B　　あと＝D

3. はじめ＝D　　あと＝C

4. はじめ＝A　　あと＝C

6番

先生が環境の授業で，４Ｒについて話しています。この先生が，今後特に重視しなければいけないと言っているのはどれとどれですか。 6

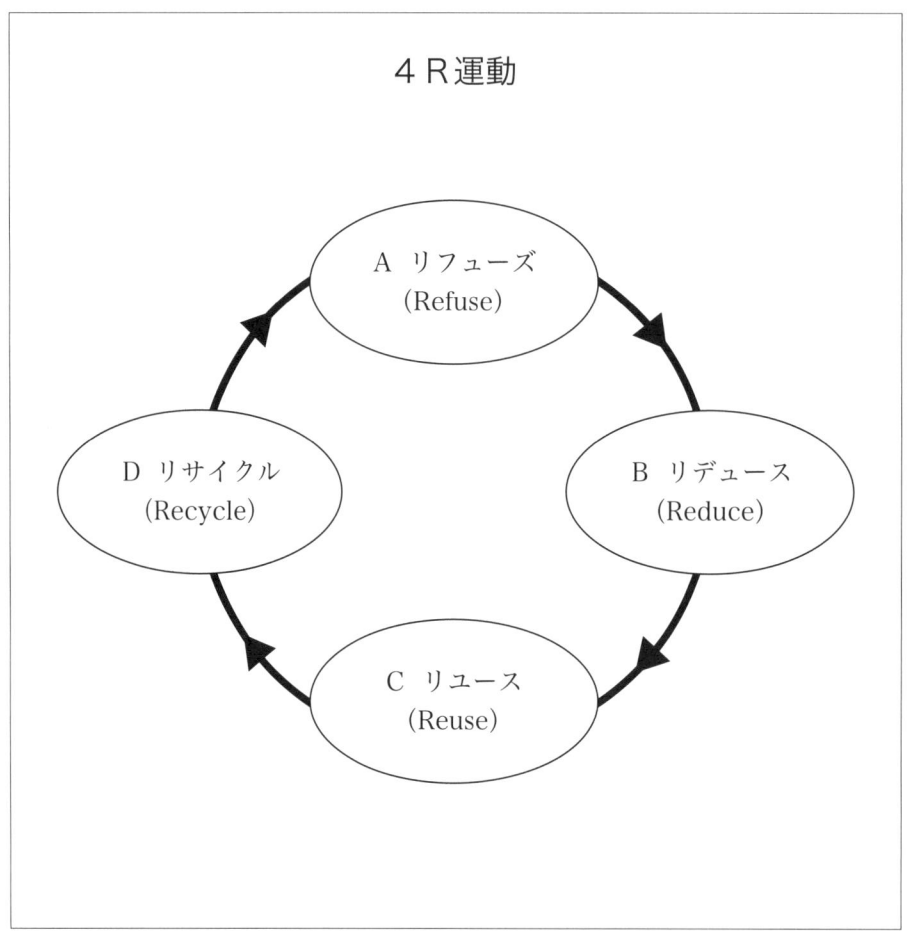

1．ＡとＢ

2．ＡとＣ

3．ＢとＤ

4．ＣとＤ

7番

先生がスポーツの授業で，ランニングについて話しています。この先生の話によると，プロネーションが起こりやすいのは，図のどこから着地するランナーですか。

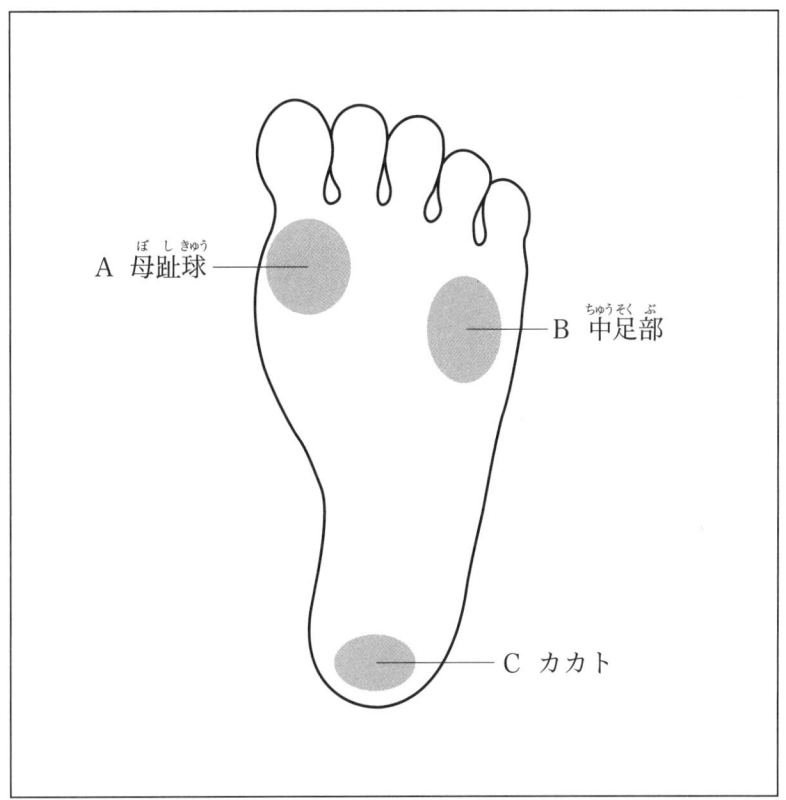

7

1．A

2．AとBを同時

3．B

4．C

8番

先生が道を覚えるための方法について説明しています。この先生が最後にする質問の答えはどれですか。

8

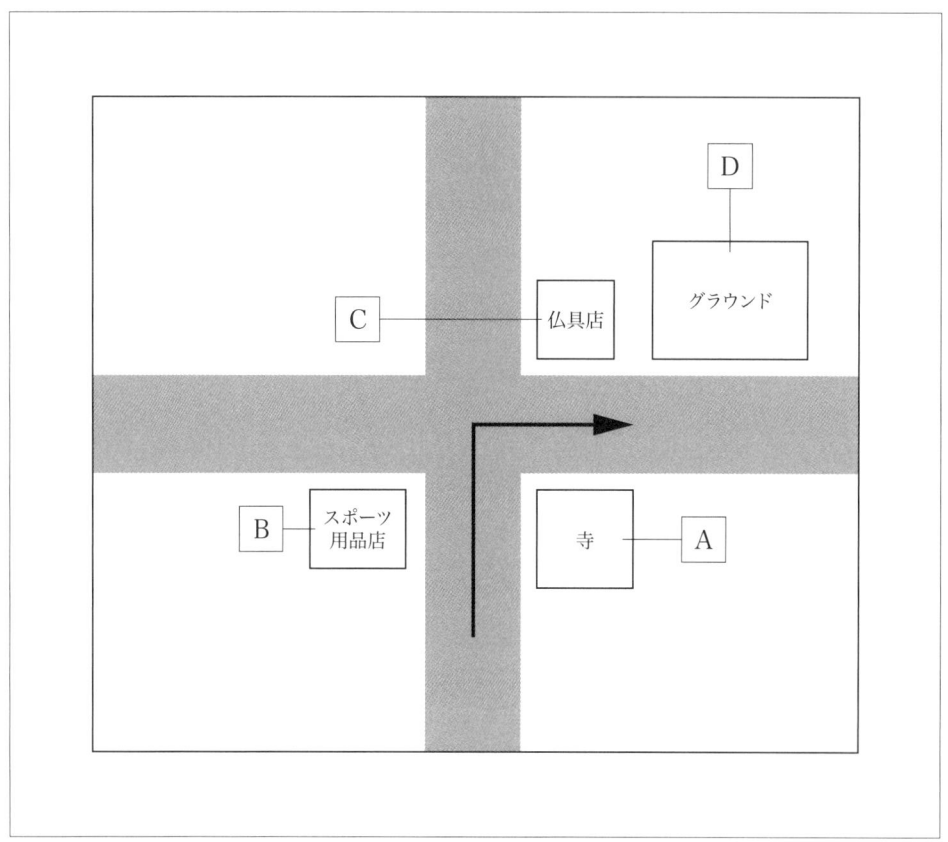

1. A
2. AとC
3. B
4. BとD

9番

女子学生と男子学生が，大学に関する調査の結果について話しています。この女子学生が注目しているのは表のどこですか。

9

階層意識別・大学に対する考え方（子どものいる40代以上の男性）

	子どものいる 40代以上の 男性合計	上	中	下	
本来大学に進む能力がない人まで大学に進学している	55.5%	60.0%	56.5%	53.7%	1
学生が精神的に幼稚すぎる	42.7%	50.0%	37.1%	46.3%	
大学を出ても専門的知識が身についていない	46.3%	40.0%	46.8%	50.7%	2
もっと学費を下げるべきだ	26.8%	20.0%	25.8%	29.9%	
親の収入が低いなら、学費を減らすケースをもっと増やすべきだ	36.0%	16.7%	33.9%	47.8%	3
大学ではもっと役に立つ資格が取れるようにするべきだ	17.1%	20.0%	9.7%	22.4%	4

10番

　先生がスポーツの授業で，運動時のエネルギー消費について話しています。この先生が最後に挙げている例を表している図はどれですか。　　　　　　　　　　　10

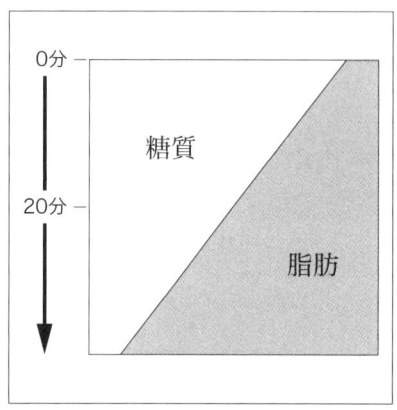

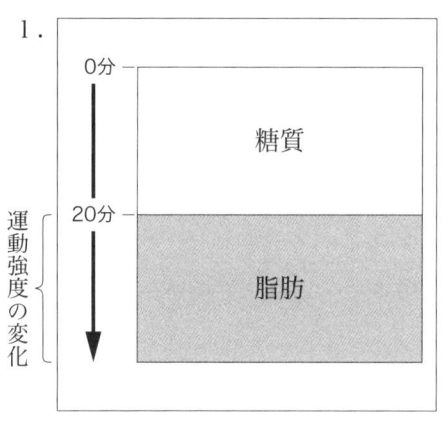

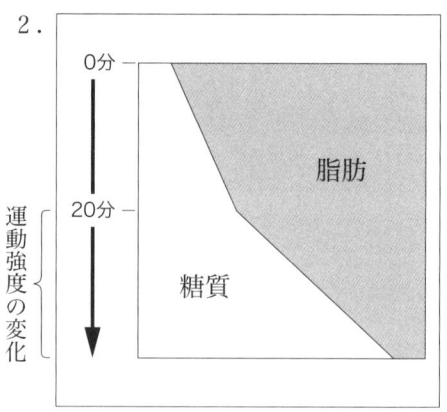

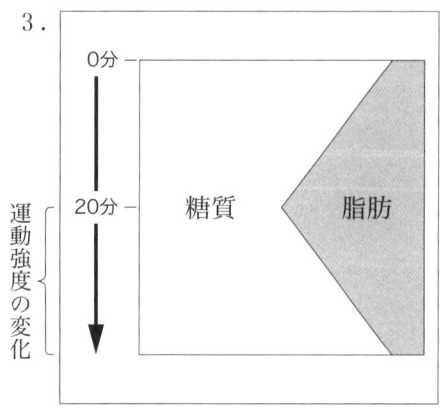

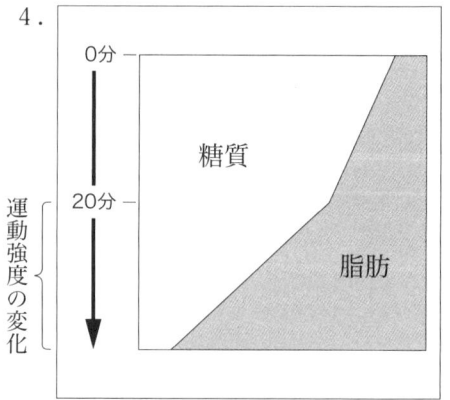

11番

先生が生物学の授業で，人体の反応について話しています。この先生が後半で挙げている例において，刺激から反応までにかかる時間を表しているのはどれですか。 11

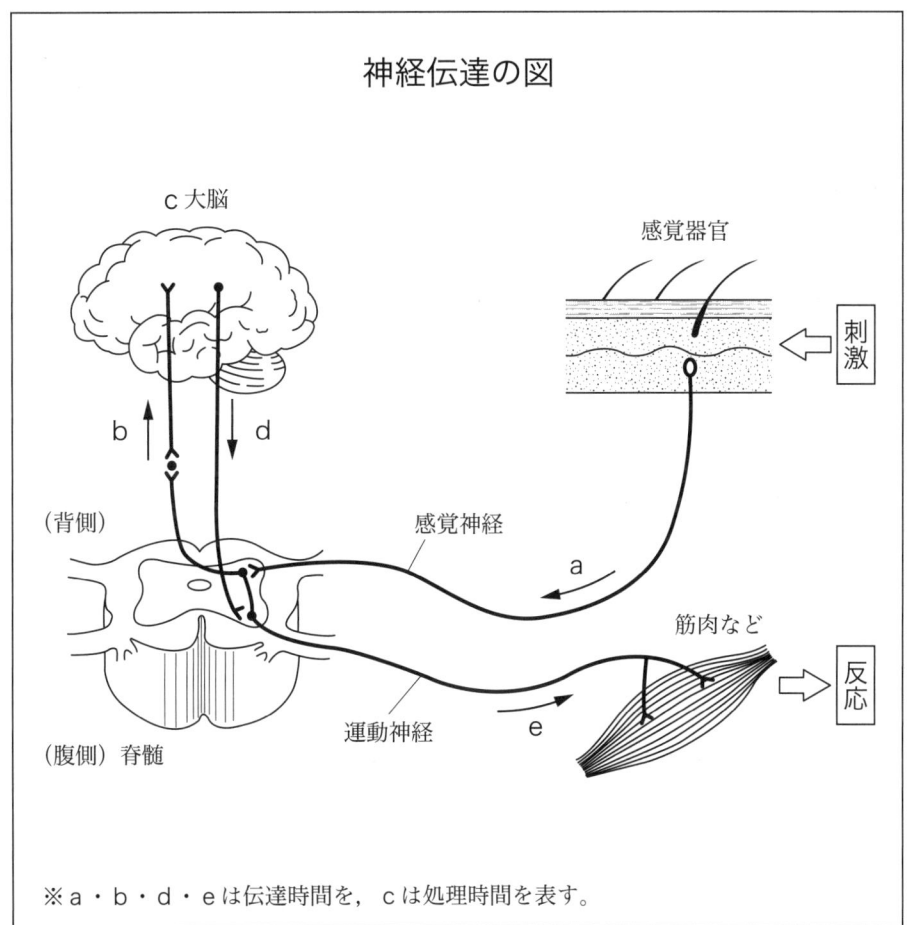

神経伝達の図

c 大脳

感覚器官

刺激

b↑ ↓d

（背側）

感覚神経

a

筋肉など

反応

運動神経

e

（腹側）脊髄

※a・b・d・eは伝達時間を，cは処理時間を表す。

1．a＋e

2．a＋b＋e

3．a＋b＋c＋e

4．a＋b＋c＋d

12番

先生が経済学の授業で，価格弾力性について話しています。この先生が最後にする質問の答えはどれですか。　　　　　　　　　　　　　　　　　　　　　　　　　　　　12

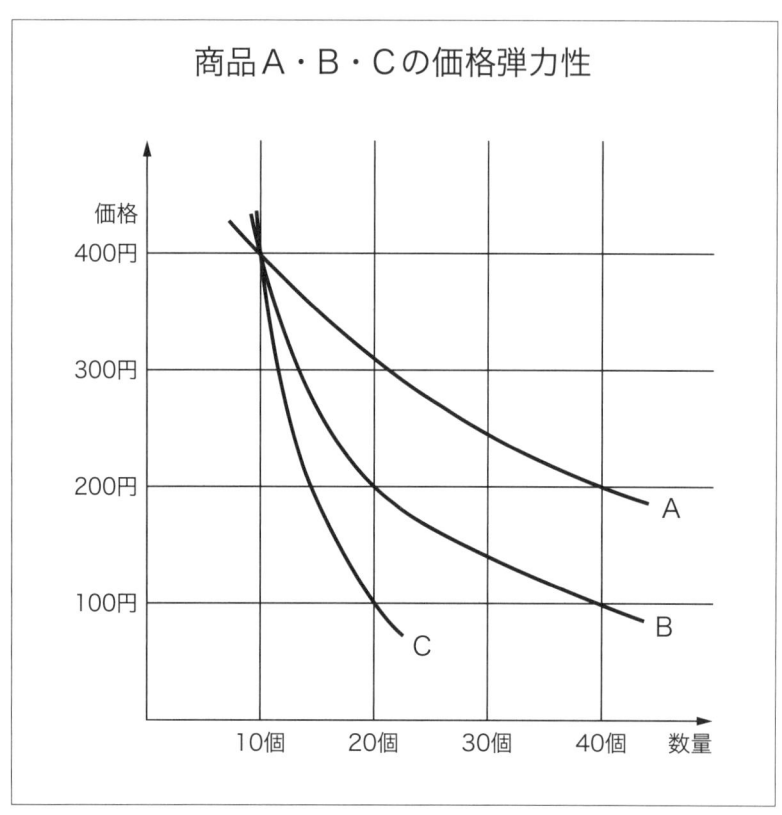

1．価格弾力性の低い商品を値上げする。

2．価格弾力性の高い商品を値上げする。

3．価格弾力性の低い商品を値下げする。

4．価格弾力性の高い商品を値下げする。

聴 解 問 題
説 明

聴解問題は，音声を聴いて答える問題です。問題も選択肢もすべて音声で示されます。問題冊子には，何も書かれていません。

問題は一度しか聴けません。

このページのあとに，メモ用のページが2ページあります。音声を聴きながらメモをとるのに使ってもいいです。

聴解の解答欄には，『正しい』という欄と『正しくない』という欄があります。選択肢1，2，3，4の一つ一つを聴くごとに，正しいか正しくないか，マークしてください。正しい答えは一つです。

－　メ　モ　－

— メ モ —

교육으로 세계를 연결하는 회사
코치학원의 서적

유학생을 위한 진학예비교와 일본어학교 운영, 서적출판과 교재개발, 모의시험과 취직지원 사업 등, 폭 넓게 사업을 전개하는 코치학원.

진학예비교는 중국인 어학연수생의 일본 국내 재학생수가 업계 탑을 자랑합니다. 장기간의 연구·분석에 의한 교재개발 능력을 강점으로 작성된 교재는 일본유학시험과 대학입시 대비에서 빼놓을 수 없는 것으로 서 높은 평가를 받고 있습니다.

인기 판매 최신 서적

지도와 그래프가 컬러로 보기 쉽다!

발행 예정 서적

EJU 필수 12000어를 완전 공략!

인기서적 『일본유학시험(EJU) 모의시험 시리즈』 한국어판

EJU에 출제된 문제를 철저하게 연구·분석하여 작성한 모의시험문제 10회분 수록!

行知学園
COACH ACADEMY

실전모의고사　제 2 회

理　科

８０分

【 物理・化学・生物 】

※ 3 科目の中から，<u>2 科目を選んで</u>解答してください。

※ 1 科目を解答用紙の表面に解答し，もう 1 科目を裏面に解答してください。

(注意)

1．係員の許可なしに，部屋の外に出ることはできません。

2．試験開始の合図があるまで，この問題冊子の中を見ないでください。

3．試験開始の合図があったら，下の欄に，受験番号と名前を記入してください。

4．各科目の問題は以下のページにあります。

科目	ページ
物理	1　〜　20
化学	21　〜　32
生物	33　〜　42

5．足りないページがあったら，手をあげて知らせてください。

6．問題冊子には，メモや計算などを書いてもいいです。

7．解答は，解答用紙に鉛筆（HB）で記入してください。

8．各問題には，その解答を記入する行の番号　1 ，　2 ，　3 ，…がついています。

　解答は，解答用紙（マークシート）の対応する解答欄にマークしてください。

9．解答用紙に書いてある注意事項も必ず読んでください。

※試験開始の合図後に，必ず受験番号と名前を記入してください。

受験番号	名　　前

物理

「解答科目」記入方法

解答科目には「物理」，「化学」，「生物」があり
ますので，この中から2科目を選んで解答してく
ださい。選んだ2科目のうち，1科目を解答用紙
の表面に解答し，もう1科目を解答用紙の裏面に
解答してください。

「物理」を解答する場合は，右のように，解答用
紙の「解答科目欄」の「物理」を〇で囲み，さら
にその下のマーク欄をマークしてください。

科目を正しくマークしないと，採点されません。

（解答用紙記入例）

解　答　科　目		
物　理 Physics	化　学 Chemistry	生　物 Biology
●	◯	◯

$\boxed{\text{I}}$ 次の問い **A**（問1），**B**（問2），**C**（問3），**D**（問4），**E**（問5），**F**（問6）に答えなさい。ただし，重力加速度の大きさを g とし，空気の抵抗は無視できるものとする。

A 次の図のように，小物体がなめらかな水平面に沿って一定の速さ v_0 で左から右にすべってきて，右端の点 O から空中に飛び出した。点 O を原点とし，水平方向を x 軸，鉛直下向き方向を y 軸にとる。

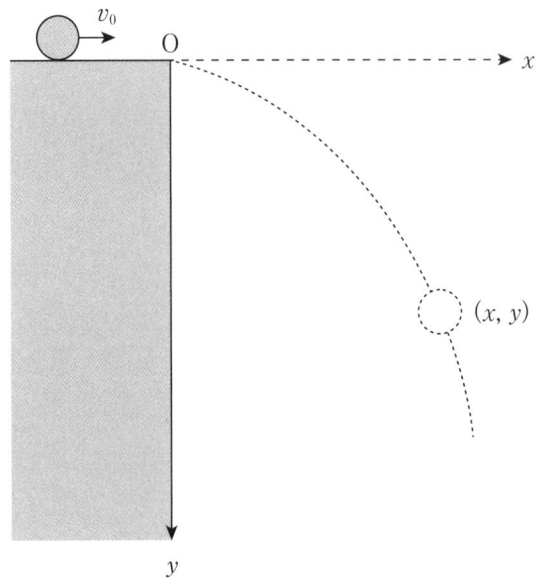

問1 x 軸方向に x だけ進んだときの落下距離 y はどのように表されるか。正しいものを，次の①〜⑥の中から一つ選びなさい。 $\boxed{1}$

① $\dfrac{gx}{v_0^{\,2}}$
② $\dfrac{gx^2}{v_0^{\,2}}$
③ $\dfrac{gx^2}{2v_0^{\,2}}$
④ $\dfrac{v_0^{\,2}}{gx}$
⑤ $\dfrac{v_0^{\,2}}{gx^2}$
⑥ $\dfrac{2v_0^{\,2}}{gx^2}$

B　次の図のように，水平でなめらかな床と垂直でなめらかな壁に，質量 m の一様な棒 AB を立

てかけ，棒の端 A に糸を結び，糸の他端を点 O に固定したところ，∠OAB ＝ 60° となった。

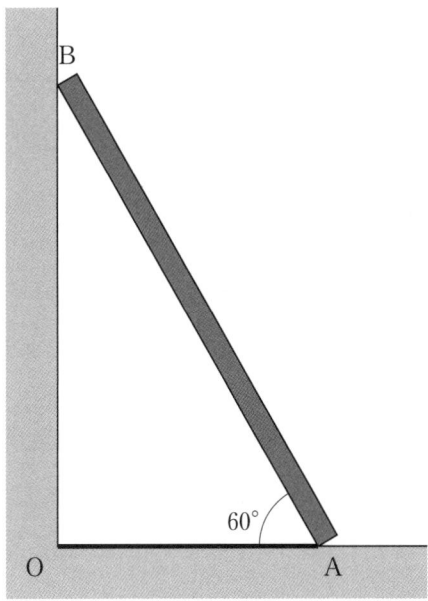

問2　糸の張力はどのように表されるか。正しいものを，次の①〜⑥の中から一つ選びなさい。

2

① $\dfrac{\sqrt{3}}{2}mg$　　　　② $\dfrac{\sqrt{3}}{3}mg$　　　　③ $\dfrac{\sqrt{3}}{6}mg$

④ $\dfrac{2\sqrt{3}}{3}mg$　　　　⑤ $\sqrt{3}\,mg$　　　　⑥ mg

C　次の図のように，質量 1.0 kg の小球 A，2.0 kg の小球 B をそれぞれ同じ長さ 1.0 m の軽い糸で点 O につるす。まず，小球 A を糸がたるまないように鉛直方向から 60° 傾け，静かにはなして小球 B と衝突させた。衝突は弾性衝突であったとする。

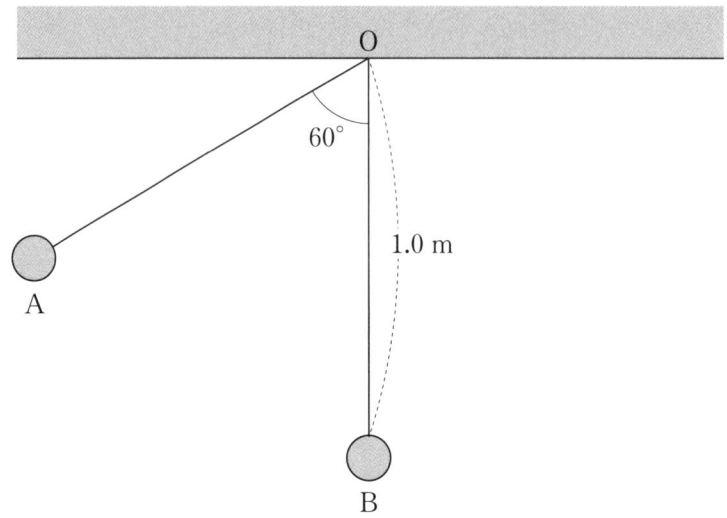

問 3　衝突直後の小球 A の速さを v_A，衝突直後の小球 B の速さを v_B とするとき，$\dfrac{v_A}{v_B}$ はいくらか。正しい値を，次の①～⑧の中から一つ選びなさい。　　　$\boxed{3}$

①　$\dfrac{1}{4}$　　　　②　$\dfrac{1}{3}$　　　　③　$\dfrac{1}{2}$　　　　④　$\dfrac{2}{3}$

⑤　1　　　　　⑥　$\dfrac{3}{2}$　　　　⑦　2　　　　　⑧　3

D　次の図のように，天井の点Oに，長さℓの軽い糸の一端を取り付け，他端に質量mの小さいおもりをつるし，糸が鉛直線と小さな角度θをなす点Aからおもりを静かにはなす。点Oから鉛直線上で$\dfrac{\ell}{4}$下の点Pには釘があり，糸が引っかかるようになっている。小球の最下点をBとし，糸が釘に引っかかった後に小球が最初に静止する点をCとする。

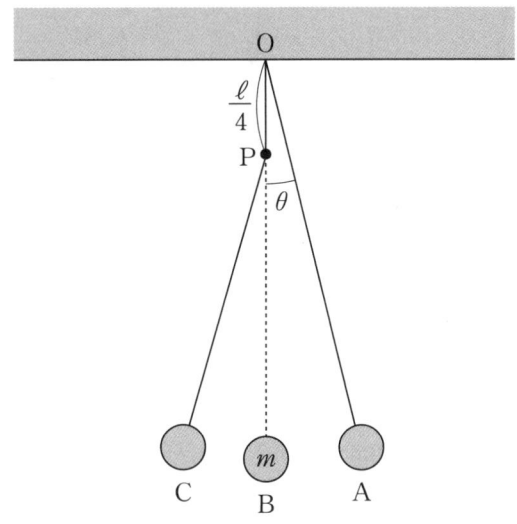

問4　AB間およびBC間のおもりの運動がそれぞれ単振動とみなせるとき，おもりがA点からB点まで動く時間をt_0，B点からC点まで動く時間をt_1とする。$\dfrac{t_0}{t_1}$はいくらか。正しい値を，次の①～⑥の中から一つ選びなさい。　　　　　　$\boxed{4}$

① $\dfrac{4}{3}$　　　② $\dfrac{2\sqrt{3}}{3}$　　　③ 1　　　④ $\dfrac{3}{2}$　　　⑤ $\dfrac{3}{4}$　　　⑥ 2

E 次の**図1**および**図2**のように，一定の加速度 a で下降するエレベーターおよび水平方向に一定の加速度 a で右方向に直線運動する電車があり，それぞれの天井から質量 m の小物体 A が軽い糸でつるされており，小物体 A はエレベーターおよび電車に対して静止している。ただし，$a < g$ とする。

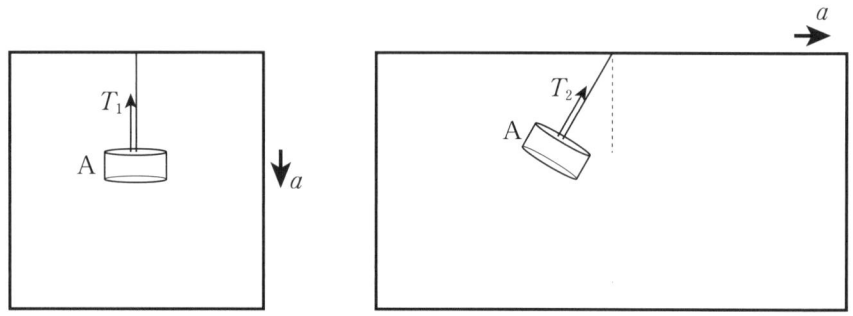

図1 エレベーターの下方向への加速度運動　　**図2** 電車の右方向への加速度運動

問5 エレベーター内の小物体 A にはたらく糸の張力 T_1，電車内の小物体 A にはたらく糸の張力 T_2 はそれぞれどのように表されるか。正しい組み合わせを，次の①～⑥の中から一つ選びなさい。　　5

	T_1	T_2
①	$m(g + a)$	$m\sqrt{g^2 + a^2}$
②	$m(g + a)$	$m\sqrt{g^2 - a^2}$
③	$m(g - a)$	$m\sqrt{g^2 + a^2}$
④	$m(g - a)$	$m\sqrt{g^2 - a^2}$
⑤	$m(a - g)$	$m\sqrt{g^2 + a^2}$
⑥	$m(a - g)$	$m\sqrt{g^2 - a^2}$

F　次の図のように，高さ H の柱の頂点 O から長さ L の軽いロープでつるされた質量 m の物
　　体が頂角 θ，角速度 ω で回転している。ただし，$H > L$ とする。

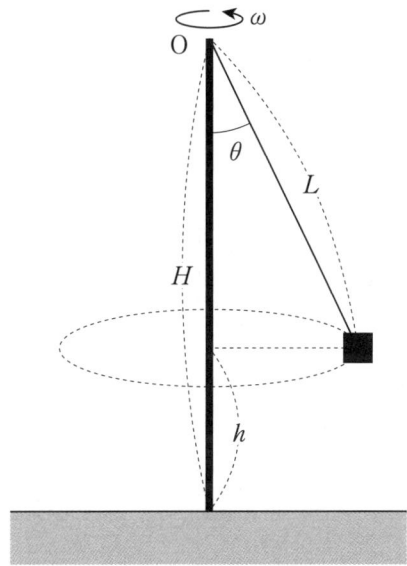

問6　物体の地上からの高さ h はどのように表されるか。正しいものを，次の①〜⑥の中から一
　　つ選びなさい。　　　　　　　　　　　　　　　　　　　　　　　　　　　　　　　　　$\boxed{6}$

①　$\dfrac{L^2\omega^2}{g}$　　　　　　　②　$\dfrac{g}{\omega^2}$　　　　　　　③　$L - \dfrac{L^2\omega^2}{g}$

④　$L - \dfrac{g}{\omega^2}$　　　　　　⑤　$H - \dfrac{L^2\omega^2}{g}$　　　　⑥　$H - \dfrac{g}{\omega^2}$

II　次の問い **A**（**問1**），**B**（**問2**），**C**（**問3**）に答えなさい。

A　次のグラフは，鉄100gと水100gの，与えられた熱量に対する，それぞれの温度上昇の関係を示したものである。

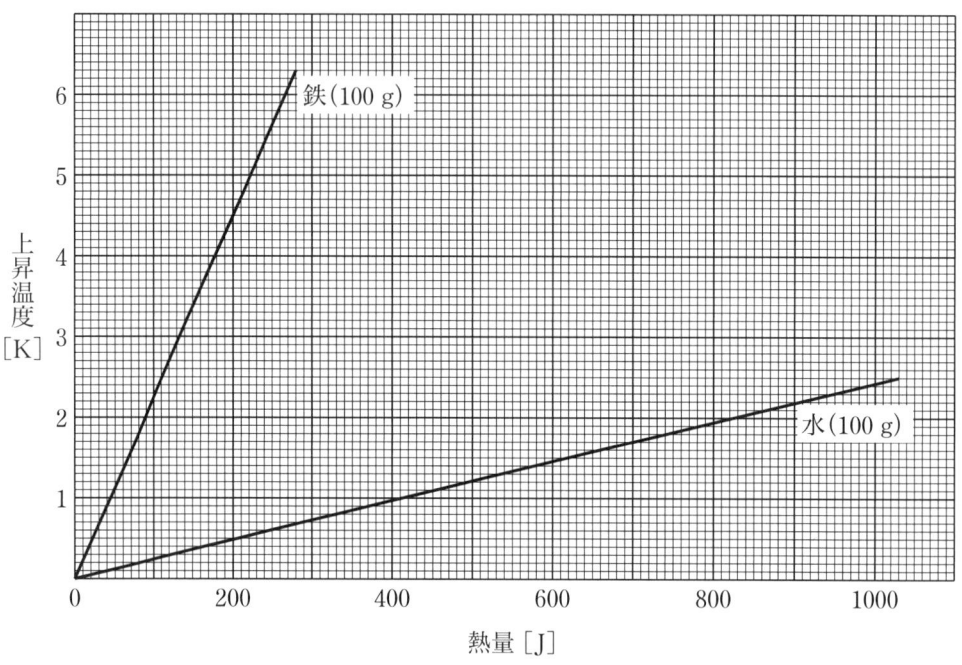

問1　鉄と水の比熱はそれぞれいくらか。グラフから読み取った値の最も適当な組み合わせを，次の①〜⑥の中から一つ選びなさい。　　7

	鉄 [J/(g·K)]	水 [J/(g·K)]
①	0.24	4.2
②	0.24	5.0
③	0.44	4.2
④	0.44	5.0
⑤	0.88	4.2
⑥	0.88	5.0

B 次の図のように，容積が 5 m³ の容器 S と容積が 25 m³ の容器 L が，熱を伝えず気体が行き来できる多孔性の栓を含む短い管で連結されている。最初，二つの容器には圧力 1.0×10^5 Pa，温度 27℃ のヘリウムが封入されていた。容器 S のヘリウムの温度を 27℃，容器 L のヘリウムの温度を 127℃ にし，じゅうぶんに時間が経ったところ，容器 S のヘリウムの物質量は n_{S} [mol]，容器 L のヘリウムの物質量は n_{L} [mol] となった。ただし，気体定数 R を $R = 8.3$ J/(mol·K) とする。

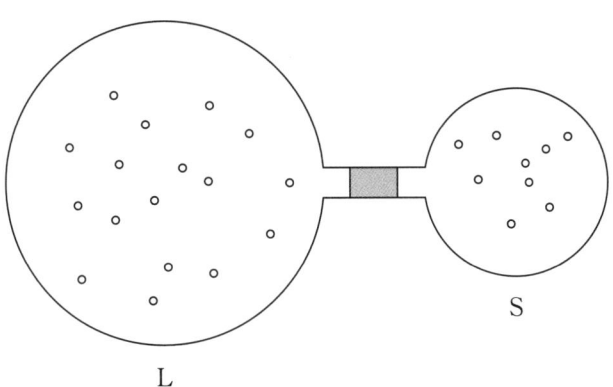

L   S

問2 n_{S}，n_{L} はそれぞれ何 mol か。最も適当な組み合わせを，次の①〜⑥の中から一つ選びなさい。 8

	n_{S} [mol]	n_{L} [mol]
①	2.5×10^2	9.5×10^2
②	9.5×10^2	2.5×10^2
③	4.0×10^2	8.0×10^2
④	8.0×10^2	4.0×10^2
⑤	6.0×10^2	6.0×10^2
⑥	1.2×10^3	2.5×10^2

C 一定量の理想気体を摩擦のないピストンつきの容器に封入し，体積と圧力をゆっくりと次の図のように変化させた。最初，気体は状態 A にあり，状態 A での圧力は p，体積は V であった。また，状態 C から状態 D への変化は等温変化であり，このとき気体が外にした仕事を W とする。

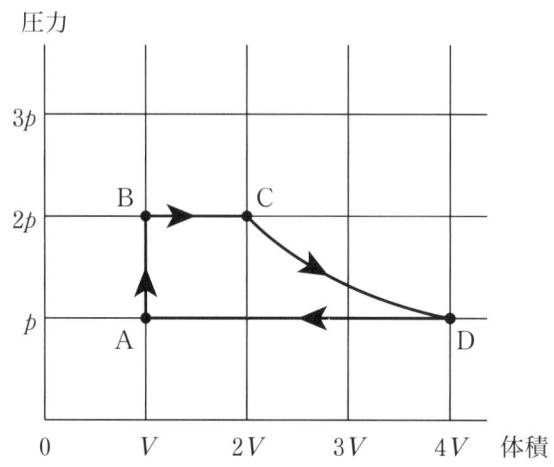

問3 A → B → C → D → A の過程全体で気体が外にする正味の仕事はどのように表されるか。正しいものを，次の①〜⑧の中から一つ選びなさい。 $\boxed{9}$

① W ② $W + pV$ ③ $W - pV$ ④ $W + 2pV$

⑤ $W - 2pV$ ⑥ 0 ⑦ $2W$ ⑧ $2pV$

$\boxed{\text{III}}$ 次の問い **A**（**問1**），**B**（**問2**），**C**（**問3**）に答えなさい。

A 　十分に長い弦の左端に，**図1**のような時間 t の正弦関数で表される変位を与えると，弦の右方向に正弦波が伝わる。時刻 0.035 s における弦の変位を，左端からの距離 x の関数として表すと，**図2**のようになった。

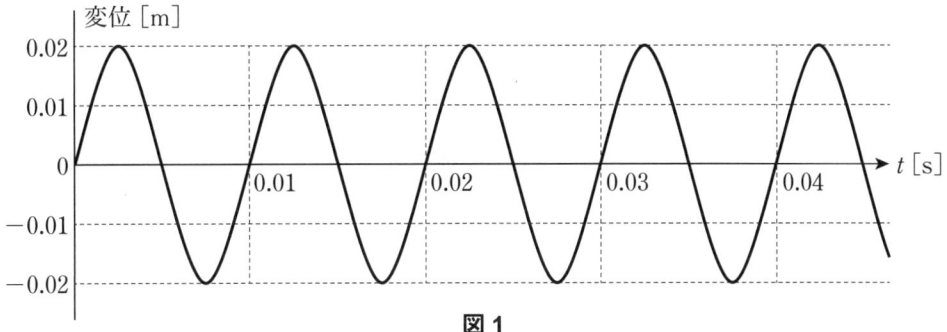

図1

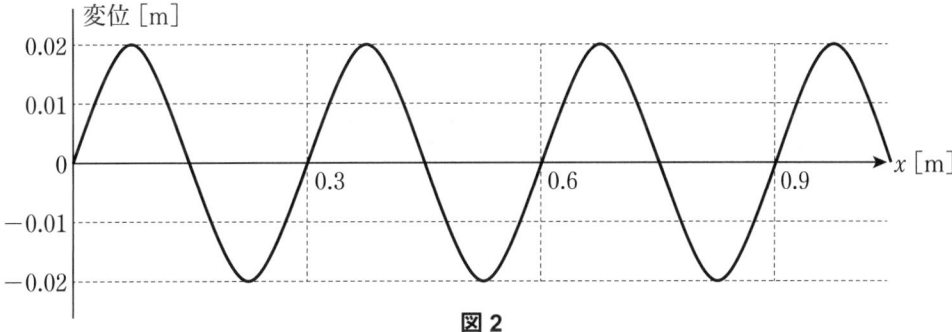

図2

問1　波が伝わる速さは何 m/s か。最も適当な値を，次の①〜⑥の中から一つ選びなさい。

$\boxed{10}$ m/s

①　0.003　　　　　　　②　0.3　　　　　　　③　1.0

④　15　　　　　　　　⑤　30　　　　　　　　⑥　60

B　次の図のように，半径300 m の円形サーキットを，一定の振動数の音源を積んだ自動車が一定の速さで反時計回りに回っている。サーキットの中心 O から 600 m 離れた地点 P で音源からの音を観測したところ，最大の振動数は 440 Hz，最小の振動数は 360 Hz であった。ただし，空気中の音の速さを 330 m/s とする。

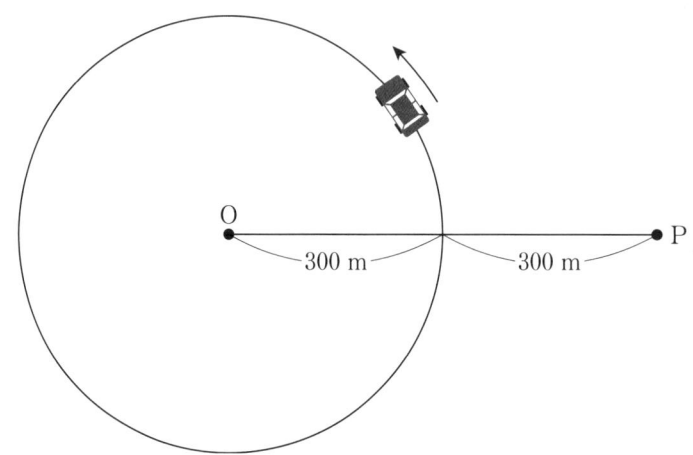

問 2　車の速さと音源の振動数はそれぞれいくらか。最も適当な組み合わせを，次の①～⑥の中から一つ選びなさい。　　　　11

	車の速さ [m/s]	音源の振動数 [Hz]
①	33	400
②	33	396
③	36	400
④	36	396
⑤	40	400
⑥	40	396

C 次の図のように，白色光の光源Sに対し，光を一部反射し一部透過させる半透明鏡Oと鏡A，B，および光の検出器Dを配置する。光源Sから出た光は，Oで二つの経路に分かれる。一方はOで反射し，Aでさらに反射した後，再びOを透過してDに入る経路をとる。他方はOを透過し，Bで反射した後，Oで反射してDに入る経路をとる。鏡Bを少し右方向にずらすと，Dで青色の光が検出された。そのときのOBの距離とOAの距離の差をdとする。さらに鏡Bを右方向にずらしていくと，Dで検出される光の色は青→黄→赤→青の順序で変化を繰り返した。青色の光の波長をλとする。

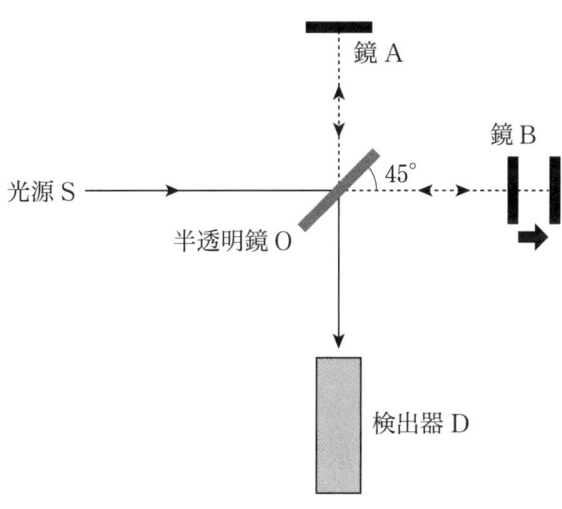

問3 dとλの間の関係として正しいものを，次の①〜⑥の中から一つ選びなさい。ただし $m = 0,$ 1, 2, …とする。

$\boxed{12}$

① $d = m\lambda$

② $d = 2m\lambda$

③ $d = \left(m + \dfrac{1}{2}\right)\lambda$

④ $2d = m\lambda$

⑤ $md = \lambda$

⑥ $2d = \left(m + \dfrac{1}{2}\right)\lambda$

IV 　次の問い **A**（問1），**B**（問2），**C**（問3），**D**（問4），**E**（問5），**F**（問6）に答えなさい。

A　次の図のように，xy 平面上の点 A $(a, 0)$ に電荷 q $(q > 0)$ が，点 B $(-a, 0)$ に電荷 $-q$ が置かれている。ただし，クーロンの法則の比例定数を k とする。

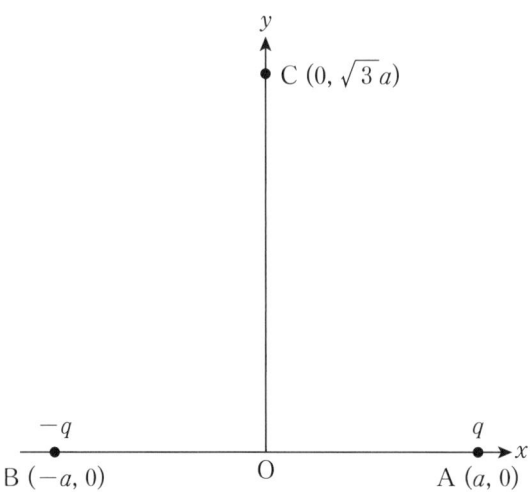

問1　点 C $(0, \sqrt{3}\,a)$ での電場の x 成分 E_x と y 成分 E_y はそれぞれどのように表されるか。正しい組み合わせを，次の①～⑧の中から一つ選びなさい。　13

	E_x	E_y
①	$k\dfrac{q}{a^2}$	1
②	$k\dfrac{q}{a^2}$	0
③	$-k\dfrac{q}{a^2}$	1
④	$-k\dfrac{q}{a^2}$	0
⑤	$k\dfrac{q}{4a^2}$	1
⑥	$k\dfrac{q}{4a^2}$	0
⑦	$-k\dfrac{q}{4a^2}$	1
⑧	$-k\dfrac{q}{4a^2}$	0

B　次の図のような回路で，スイッチSを閉じてコンデンサーを充電した。次に，スイッチS
を開いた後，極板を一定の速さ v で引き離した。

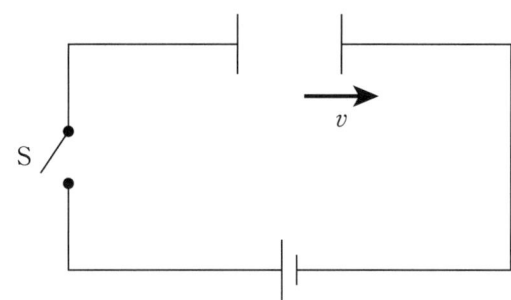

問2　極板を引き離してからの時間 t とコンデンサーに蓄えられているエネルギー E の関係を表
したグラフはどれか。最も適当なものを，次の①〜⑥の中から一つ選びなさい。　　　14

①
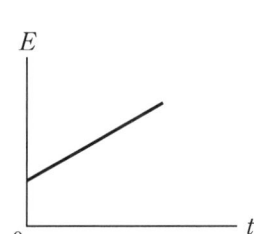

②
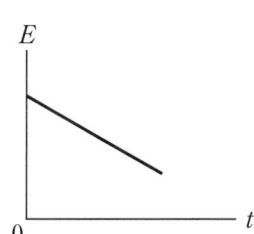

③
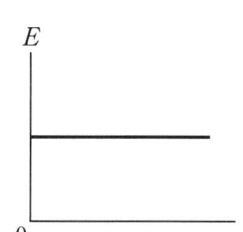

④
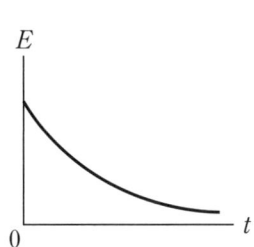

⑤
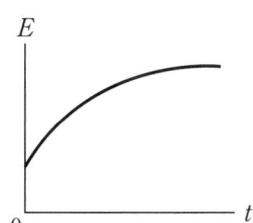

⑥
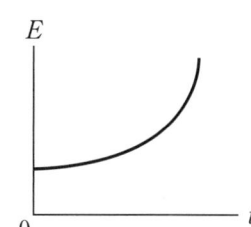

C　次の図のように，抵抗値が $3\,\Omega$ の 6 個の抵抗 R_1，R_2，$\cdots$，R_6 と起電力が $9\,V$ の電池 E_0 を接続した。ただし，電池の内部抵抗は 0 とする。

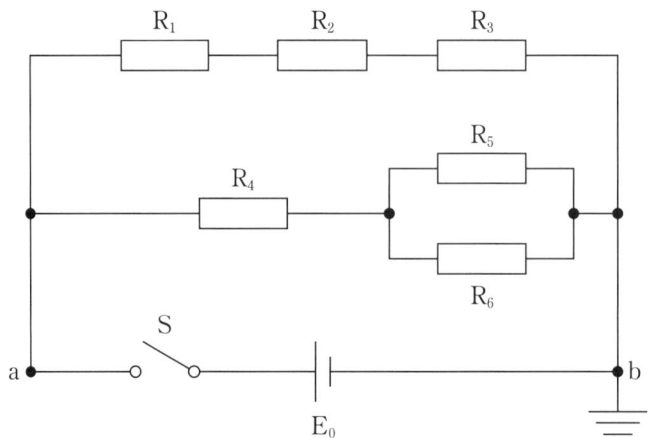

問3　ab 間の合成抵抗は何 Ω か。またスイッチ S を閉じたとき，抵抗 R_5 で消費される電力は何 W か。正しい組み合わせを，次の①～⑧の中から一つ選びなさい。　15

	①	②	③	④	⑤	⑥	⑦	⑧
ab 間の合成抵抗 [Ω]	1	1	2	2	3	3	4	4
R_5 で消費される電力 [W]	3	12	3	12	3	12	3	12

D **図 1** は，ある電球に直流電流を接続して，その電流にかかる電圧 V[V] を変えながら流れる電流 I[A] を測定した V-I グラフである。**図 2** のように，起電力 100 V の電源に，この電球と 100 Ω の抵抗を直列につないだ。

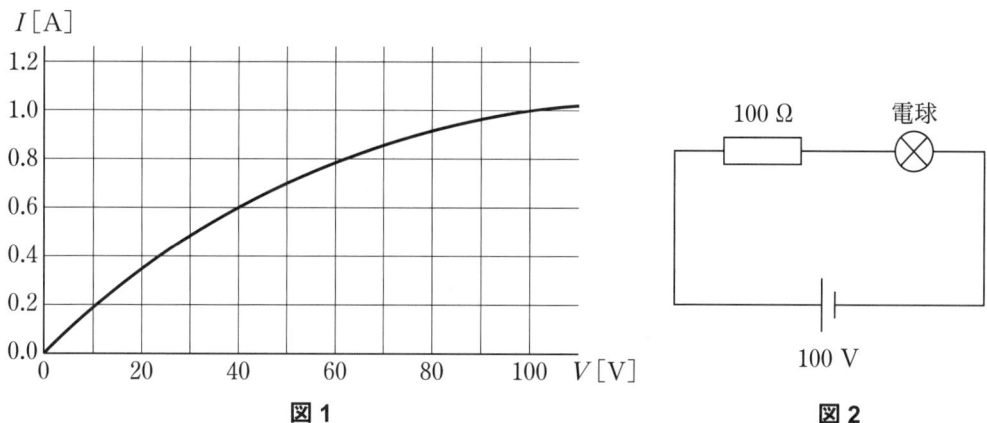

図 1　　　　　　　　　　　　　　　図 2

問4　**図 2** において，電球で消費される電力は何 W か。最も適当な値を，次の①〜⑤の中から一つ選びなさい。　　　　　　　　　　　　　　　　16 W

① 10　　　　　② 15.6　　　　　③ 20.5　　　　　④ 24　　　　　⑤ 25

E　高さ h, 幅 d, 長さ ℓ の直方体の導体を考え，次の図のように x, y, z 軸をとる。y 軸方向に電流 I が流れており，z 軸方向に磁束密度 B の磁場を加えると，面 P と面 Q の間に電位差 V が発生し，電場が生じた。

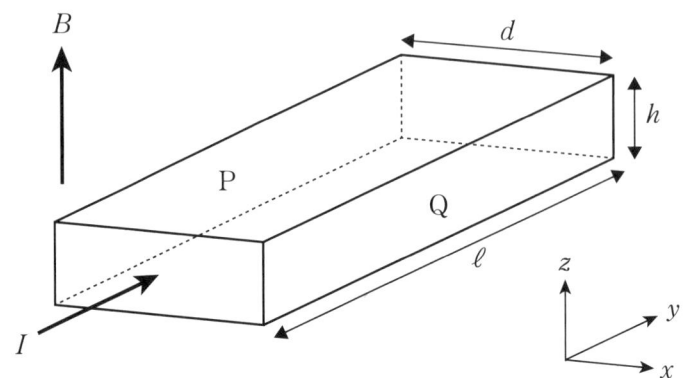

問5　定常状態で，導体の単位体積あたりの電子の数はどのように表されるか。正しいものを，次の①〜⑥の中から一つ選びなさい。　　　17

① $\dfrac{IB}{eVd}$　　② $\dfrac{IB}{eV\ell}$　　③ $\dfrac{IB}{eVh}$　　④ $\dfrac{B}{IeVd}$　　⑤ $\dfrac{B}{IeV\ell}$　　⑥ $\dfrac{B}{IeVh}$

F　半径 0.1 m，巻き数 400 回のコイルがある。これに図のように抵抗 R と電流計 A を直列に

つなぎ，磁束密度が毎秒 0.2 T ずつ増加するように変化する磁場を与えた。

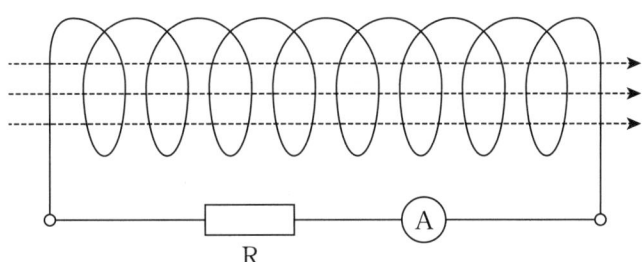

問 6　コイルの両端に生じる起電力の大きさは何 V か。また 10 Ω の抵抗 R に流れる電流は何 A

か。最も適切な組み合わせを，次の①～⑥の中から一つ選びなさい。　　　　　18

	起電力 [V]	抵抗 R に流れる電流 [A]
①	2.5	2.5
②	2.5	0.25
③	2.5	0.15
④	1.5	2.5
⑤	1.5	0.25
⑥	1.5	0.15

IV　　次の問い **A**（**問1**）に答えなさい。

A　　ラジウムから出る放射線に紙面の表から裏に向かって垂直に磁場をかけると，次の図のように α 線，β 線，γ 線と3つに分かれる。α 線はヘリウム原子核の流れであり，$+2e$ の電荷をもつ。β 線は高速の電子であり，$-e$ の電荷をもつ。γ 線は光や X 線よりもはるかに波長の短い電磁波である。

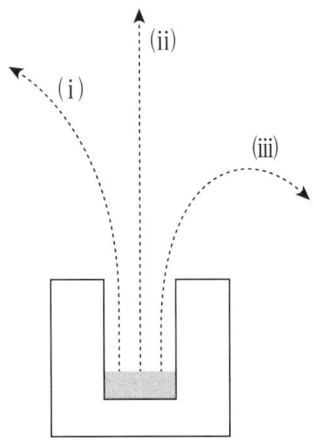

問1　図中の(i)，(ii)，(iii)はそれぞれ α 線，β 線，γ 線のうちのどれか。正しい組み合わせを，次の①～⑥の中から一つ選びなさい。　　**19**

	(i)	(ii)	(iii)
①	α 線	β 線	γ 線
②	α 線	γ 線	β 線
③	β 線	α 線	γ 線
④	β 線	γ 線	α 線
⑤	γ 線	α 線	β 線
⑥	γ 線	β 線	α 線

物理の問題はこれで終わりです。解答欄の **20** ～ **60** はマークしないでください。
解答用紙の解答科目欄に「物理」が正しくマークしてあるか，もう一度確かめてください。

化学

体積の単位リットル（liter）は L で表す。

標準状態（standard state）：$0℃$, 1.01×10^5 Pa（$= 1.00$ atm）
標準状態における理想気体（ideal gas）**のモル体積**（molar volume）：22.4 L/mol
気体定数（gas constant）：$R = 8.31 \times 10^3$ Pa·L/(K·mol)
アボガドロ定数（Avogadro constant）：$N_A = 6.02 \times 10^{23}$ /mol
ファラデー定数（Faraday constant）：$F = 9.65 \times 10^4$ C/mol

原子量（atomic weight）：
　H：1.0　　C：12　　N：14　　O：16　　S：32　　Cl：35.5　　Ca：40　　Cu：64

この試験における元素（element）の族（group）と周期（period）の関係は下の周期表（periodic table）の通りである。ただし,H 以外の元素記号は省略してある。

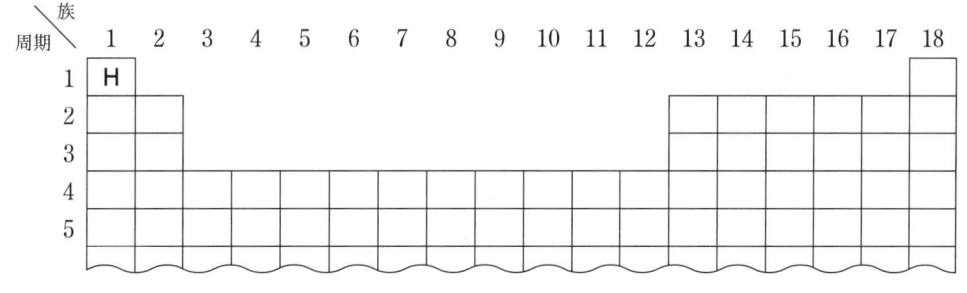

問 1　一般に分子は極性分子（polar molecule）と無極性分子（nonpolar molecule）の二つのグループに大別される。次の(**a**)～(**g**)の分子のうち，無極性分子はいくつあるか。最も近い値を，下の①～⑧の中から一つ選びなさい。　　　　　　　　　　　　　　　　　$\boxed{1}$ 個

(**a**)　$CH_2{=}CH_2$　　　　(**b**)　$C_6H_5CH_3$　　　　(**c**)　CO_2　　　　(**d**)　H_2O

(**e**)　H_2S　　　　　　　(**f**)　NH_3　　　　　　(**g**)　O_2

①　0　　　　②　1　　　　③　2　　　　④　3　　　　⑤　4　　　　⑥　5　　　　⑦　6　　　　⑧　7

問 2　次の気体（gas）①～⑤のうち，標準状態において 1 L の気体の質量（mass）が最も大きいものを一つ選びなさい。　　　　　　　　　　　　　　　　　　　　　　　$\boxed{2}$

①　エタン C_2H_6　　　　　②　塩化水素 HCl　　　　　③　オゾン O_3

④　二酸化硫黄 SO_2　　　　⑤　二酸化炭素 CO_2

問 3　ある金属は，次の図に示すような面心立方格子（face-centered cubic lattice）の結晶（crystal）をつくっている。

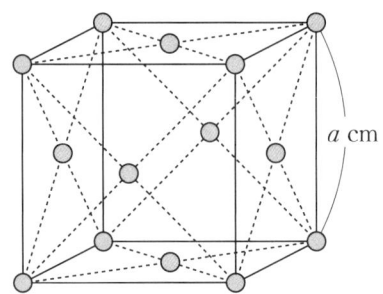

　今，各原子（atom）を剛体球（rigid sphere）とみなし，最隣接の原子はすべて接触しているものと考える。この単位格子（unit cell）の一辺の長さを a〔cm〕，金属の原子量（atomic weight）を b，アボガドロ定数を N_A とするとき，この金属の密度（density）はどのように表されるか。正しいものを，次の①～⑧の中から一つ選びなさい。　　　　　$\boxed{3}$ g/cm³

①　$\dfrac{b}{N_A a^3}$　　　　②　$\dfrac{2b}{N_A a^3}$　　　　③　$\dfrac{3b}{N_A a^3}$　　　　④　$\dfrac{4b}{N_A a^3}$

⑤　$\dfrac{N_A}{a^2 b}$　　　　⑥　$\dfrac{2N_A}{a^2 b}$　　　　⑦　$\dfrac{3N_A}{a^2 b}$　　　　⑧　$\dfrac{4N_A}{a^2 b}$

問4 次の図のように，容積１Lの容器**A**と容積２Lの容器**B**が連結されている。

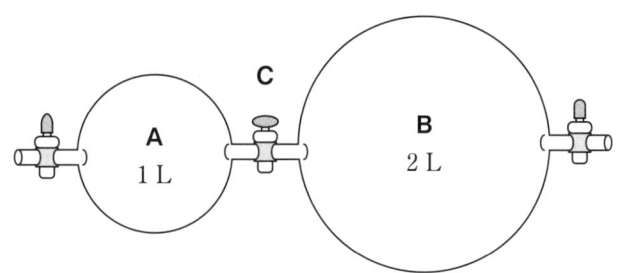

　容器**A**に 2.0 Pa のアンモニア NH_3 を，容器**B**に 4.0 Pa の塩化水素 HCl を入れ，コック**C**をあけて反応させ，気体が均一になるまで放置したとき，容器の内部の圧力は何 Pa になるか。最も近い値を，次の①〜⑨の中から一つ選びなさい。 　 4 Pa

① 1.0	② 1.5	③ 2.0	④ 2.5	⑤ 2.7
⑥ 3.0	⑦ 3.2	⑧ 4.0	⑨ 6.0	

問5 硫酸銅（Ⅱ）$CuSO_4$ の水に対する溶解度（solubility）は，温度の上昇とともに大きくなる。一方，硫酸銅（Ⅱ）を含む水溶液を冷却すると硫酸銅（Ⅱ）五水和物 $CuSO_4 \cdot 5H_2O$ が析出（deposition）する。次のグラフは，硫酸銅（Ⅱ）の溶解度曲線（solubility curve）である。

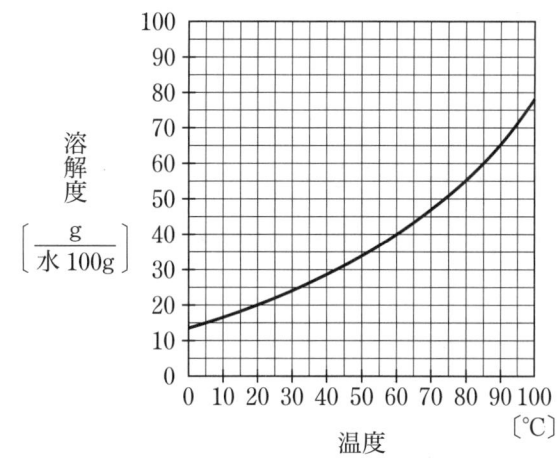

　60℃における硫酸銅（Ⅱ）の飽和水溶液 140 g を 20℃に冷却したとき，何 g の硫酸銅（Ⅱ）五水和物が析出するか。最も近い値を，次の①〜⑧の中から一つ選びなさい。 　 5 g

① 10	② 15	③ 20	④ 25
⑤ 30	⑥ 35	⑦ 40	⑧ 45

問6 コロイドに関する次の(a)～(d)の記述のうち，正しいものの組み合わせを，下の①～⑨の中から一つ選びなさい。 6

(a) 疎水コロイド（hydrophobic colloid）粒子を凝析（coagulation）させるには，コロイド粒子と電荷（electric charge）の符号が反対で，価数（valence）の大きいイオン（ion）を含む電解質（electrolyte）を用いるとよい。

(b) 疎水コロイドの溶液に親水コロイド（hydrophilic colloid）の溶液を加えると凝析が起こりにくくなる。

(c) セロハン（cellophane）のような半透膜（semipermeable membrane）は，イオンを通すがコロイド粒子は通さないので，透析（dialysis）によく用いられる。

(d) スクロース（sucrose）水溶液に横から光を当てると，光の通路が光って見える。

① a，b ② a，c ③ a，d

④ b，c ⑤ b，d ⑥ c，d

⑦ a，b，c ⑧ a，b，d ⑨ b，c，d

問7 硫酸 H_2SO_4 の存在下で過マンガン酸カリウム $KMnO_4$ とシュウ酸 $H_2C_2O_4$ を反応させたとき，次式の反応が起こる。

$$2KMnO_4 + 5H_2C_2O_4 + 3H_2SO_4 \longrightarrow K_2SO_4 + 2MnSO_4 + 10CO_2 + 8H_2O$$

この反応の前後でマンガン Mn の酸化数（oxidation number）はどのように変化したか。正しい組み合わせを，次の①～⑧の中から一つ選びなさい。 7

	①	②	③	④	⑤	⑥	⑦	⑧
反応前	-3	-3	-1	-1	$+3$	$+3$	$+7$	$+7$
反応後	-1	$+3$	$+2$	$+3$	-1	$+5$	$+2$	$+5$

問8 次の(a)～(d)の水溶液のうち，塩基性（basic）を示すものの組み合わせとして正しいものを，下の①～⑨の中から一つ選びなさい。　　8

(a) 0.10 mol/L の塩酸 HCl 50 mL と 0.10 mol/L の水酸化バリウム水溶液 $Ba(OH)_2$ aq 30 mL を混合した水溶液

(b) 0.10 mol/L の硫酸 H_2SO_4 50 mL と 0.10 mol/L の水酸化ナトリウム水溶液 NaOH aq 150 mL を混合した水溶液

(c) 0.10 mol/L の塩酸 50 mL と 0.10 mol/L の炭酸ナトリウム水溶液 Na_2CO_3 aq 25 mL を混合した水溶液

(d) 0.10 mol/L の塩化アンモニウム水溶液 NH_4Cl aq 50 mL と 0.10 mol/L の水酸化ナトリウム水溶液 50 mL を混合した水溶液

① a，b　　　　② a，c　　　　③ a，d　　　　④ b，c

⑤ b，d　　　　⑥ c，d　　　　⑦ a，b，c　　　⑧ a，b，d

⑨ a，c，d

問9 次の図のように，電解槽（electrolytic cell）**A**には希硫酸 dil.H_2SO_4，電解槽**B**には硫酸銅（II）水溶液 $CuSO_4$ aq を入れ，極板に白金 Pt を用いて電気分解（electrolysis）を1時間おこなったところ，電解槽**A**の両極から標準状態で 210 mL の気体が発生し，電解槽**A**と電解槽**B**に流れた電流の合計が 0.50 A であった。このとき，電解槽**B**の陰極板に析出した銅 Cu の質量は何 g であったか。最も近い値を，下の①～⑧の中から一つ選びなさい。　　9　g

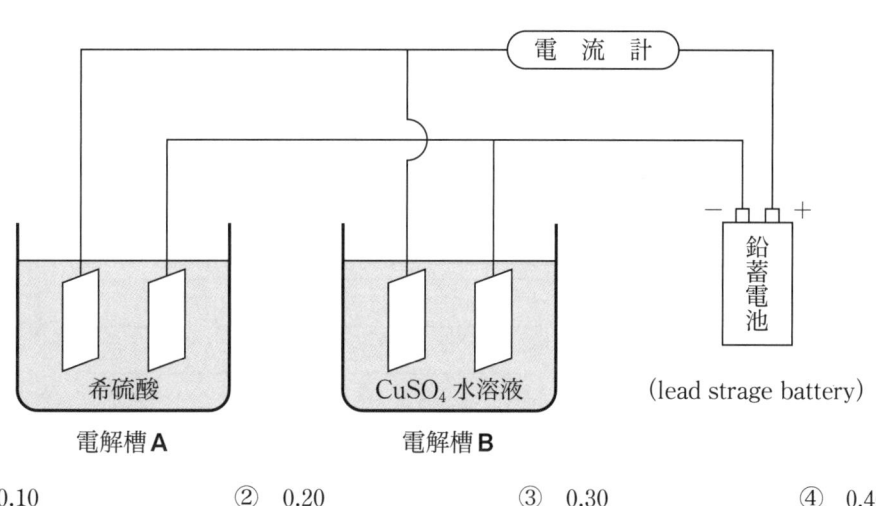

① 0.10　　　　　② 0.20　　　　　③ 0.30　　　　　④ 0.40

⑤ 0.50　　　　　⑥ 0.80　　　　　⑦ 1.0　　　　　⑧ 2.0

問10 次の図は，水素 H_2 と塩素 Cl_2 から塩化水素 HCl を生じる反応のエネルギー変化を示したものであり，表は結合エネルギー（bond energy）の値を示したものである。

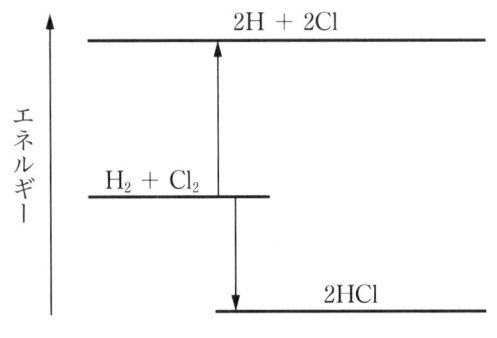

結合	結合エネルギー〔kJ/mol〕
H－H	432
H－Cl	428
Cl－Cl	239
C－C	368
C－H	411
C－O	358
H－O	459

次の**A**，**B**，**C**のエネルギーはそれぞれ何 kJ か。正しい値の組み合わせを，下表の①〜⑨の中から一つ選びなさい。 10

A：水素 1 mol と塩素 1 mol を解離（dissociation）するのに必要なエネルギー

B：水素 1 mol と塩素 1 mol から塩化水素が生成するときの生成熱（heat of formation）

C：メタノール CH_3OH（気体）を完全に原子（atom）へ解離させるのに必要なエネルギー

	A〔kJ〕	**B**〔kJ〕	**C**〔kJ〕
①	671	92.5	1728
②	671	185	2050
③	671	−92.5	1836
④	856	92.5	1836
⑤	856	185	1728
⑥	856	−92.5	2050
⑦	1472	92.5	2050
⑧	1472	185	1836
⑨	1472	−92.5	1728

問11 次の記述(a)～(e)のうち，正しいものが二つある。それらの組み合わせを，下の①～⑨の中から一つ選びなさい。　　　　　　　　　　　　　　　　　　　　　　　　　　　　　　　11

(a) 実験室的に酸素 O_2 を得るには，酸化マンガン (IV) MnO_2 の存在下で過酸化水素 H_2O_2 を分解（decomposition）する。

(b) 液体空気をつくり，酸素と窒素 N_2 の沸点（boiling point）の差を利用して酸素と窒素を分離することができる。この場合，酸素の蒸発によって，窒素分の多い液体が残る。

(c) オゾン O_3 は酸素の同位体（isotope）で，特異臭のある薄い青色の有毒な液体である。

(d) 黄リンは反応性に富み，空気中で自然発火して十酸化四リン P_4O_{10} に変わるため，常に水中で保存する。

(e) 分子結晶（molecular crystal）である斜方および単斜硫黄は，S_6 分子からなる。

① **a**, **b**　　　　② **a**, **c**　　　　③ **a**, **d**　　　　④ **a**, **e**　　　　⑤ **b**, **d**
⑥ **b**, **e**　　　　⑦ **c**, **d**　　　　⑧ **c**, **e**　　　　⑨ **d**, **e**

問12 次の化合物①～⑥のうち，錯塩（complex salt）中の錯イオン（complex ion）の構造が直線型であるものを一つ選びなさい。　　　　　　　　　　　　　　　　　　　　　　12

① $Ag[NH_3]_2Cl$ 　　　　　② $Cu[NH_3]_4Cl_2$ 　　　　　③ $K_4[Fe(CN)_6]$
④ $Zn[NH_3]_4SO_4$ 　　　　⑤ $K_3[Fe(CN)_6]$ 　　　　　⑥ $Na[Al(OH)_4]$

問13 不純物を含む石灰石（limestone）14 g に希塩酸 dil.HCl を加え，完全に反応させたときに発生した二酸化炭素 CO_2 は 27℃，1.01×10^5 Pa で 3.0 L であった。この石灰石中の炭酸カルシウム $CaCO_3$ の含有率は何%か。最も近い値を，次の①～⑧の中から一つ選びなさい。

　　　　　　　　　　　　　　　　　　　　　　　　　　　　　　　　　　　　　　　13 %

① 73　　　　　　② 76　　　　　　③ 79　　　　　　④ 82
⑤ 85　　　　　　⑥ 88　　　　　　⑦ 91　　　　　　⑧ 93

問14 実験室で濃塩酸 conc.HCl と酸化マンガン(IV) MnO$_2$ から塩素 Cl$_2$ を発生させるために，次に示す装置を組み立てた。器具(a)～(f)のうち，**A**，**B**，**C** の各部分で用いられる器具の正しい組み合わせを，下表の①～⑨の中から一つ選びなさい。 14

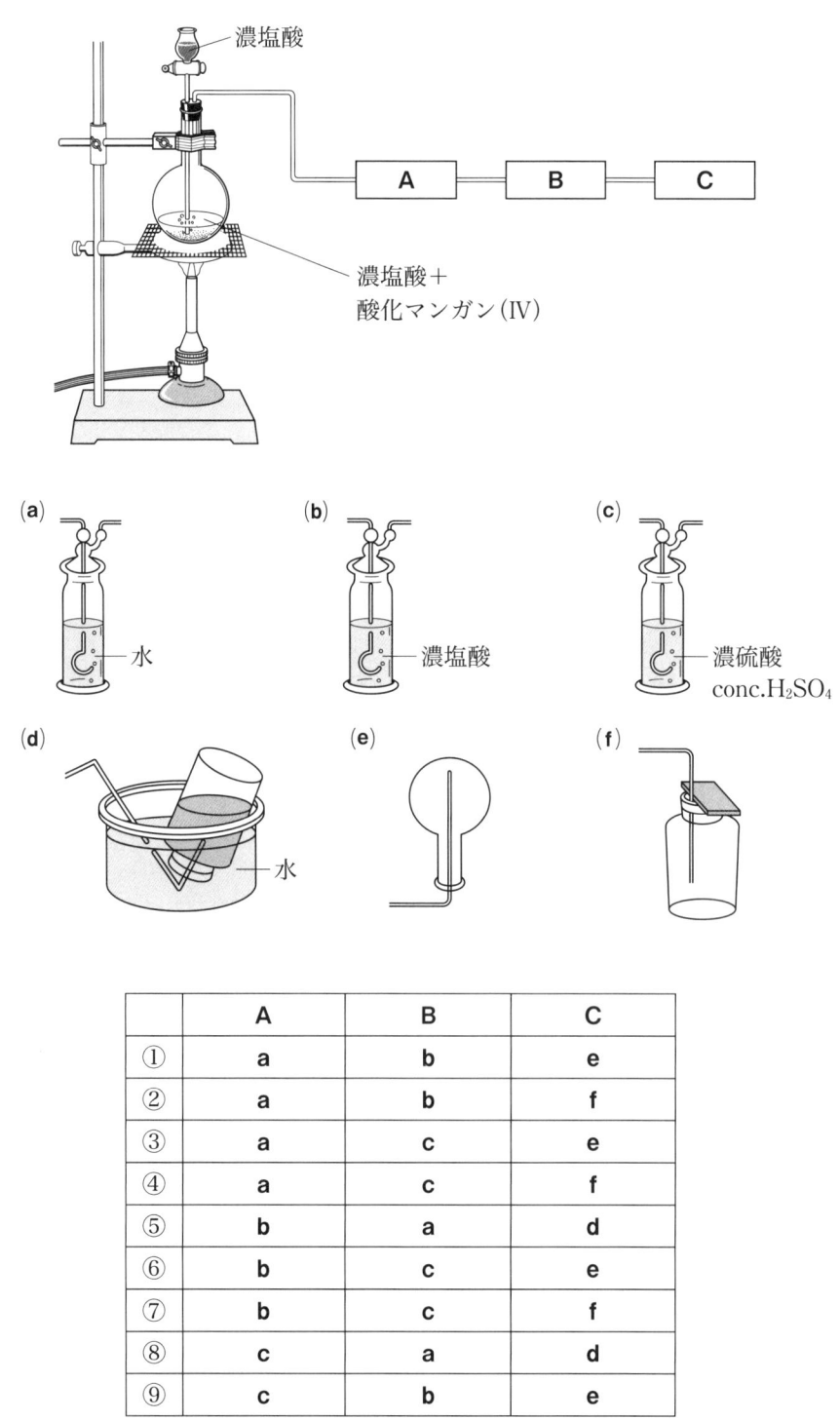

	A	B	C
①	a	b	e
②	a	b	f
③	a	c	e
④	a	c	f
⑤	b	a	d
⑥	b	c	e
⑦	b	c	f
⑧	c	a	d
⑨	c	b	e

問15 次の図は，Ag^+，Ca^{2+}，Cu^{2+}，K^+，Al^{3+}，Zn^{2+} を含む陽イオン（cation）の混合溶液から，各イオン（ion）を分離する系統分析（phyloanalysis）の一部を示したものである。

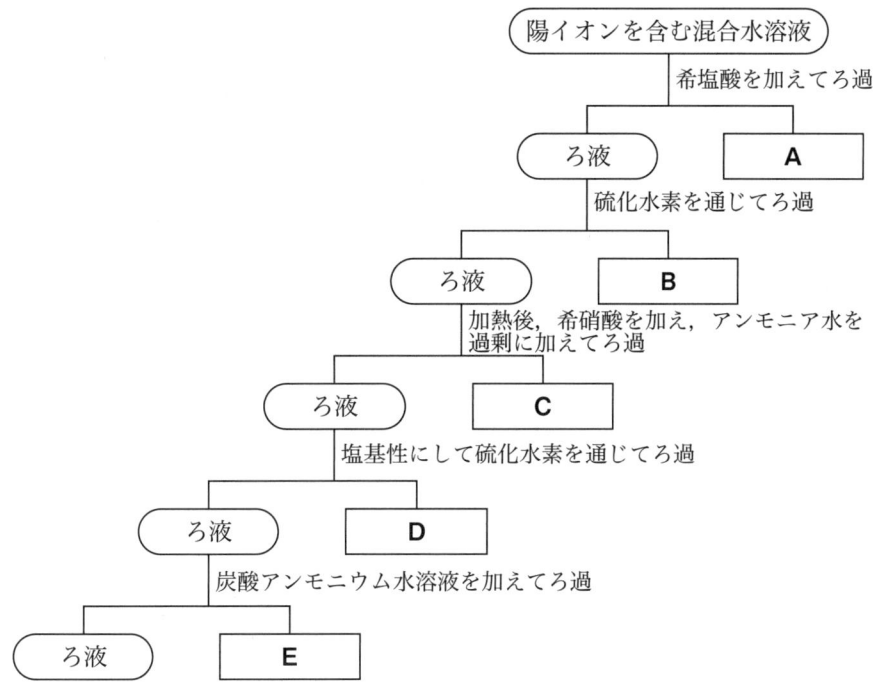

各操作で分離される沈殿（precipitate）に含まれる陽イオンを**A～E**で表したとき，**C**，**E**にあてはまる陽イオンの組み合わせを，次表の①～⑨の中から一つ選びなさい。　15

	C	E
①	Ag^+	Ca^{2+}
②	Ag^+	Cu^{2+}
③	Ag^+	K^+
④	Al^{3+}	Ca^{2+}
⑤	Al^{3+}	Cu^{2+}
⑥	Al^{3+}	K^+
⑦	Zn^{2+}	Ca^{2+}
⑧	Zn^{2+}	Cu^{2+}
⑨	Zn^{2+}	K^+

問16 次の炭化水素（hydrocarbon）①〜⑦のうち，完全燃焼（complete combustion）させたときに生じる二酸化炭素 CO_2 と水 H_2O の物質量の比が $3:4$ であるものを一つ選びなさい。 $\boxed{16}$

① アセチレン（acetylene）　② エタン（ethane）　③ エチレン（ethylene）

④ プロパン（propane）　⑤ プロピレン（propylene）　⑥ ベンゼン（benzene）

⑦ メタン（methane）

問17 次の有機化合物(organic compound)の組み合わせ(a)〜(g)のうち，二つの化合物を元素分析したとき，同じ組成式となるものが三つある。それらの組み合わせを下の①〜⑨の中から一つ選びなさい。 $\boxed{17}$

(a) ギ酸（formic acid）とメタノール（methanol）

(b) ヘキサン（hexane）とシクロヘキサン（cyclohexane）

(c) グルコース（glucose）と酢酸（acetic acid）

(d) アセチレンとベンゼン

(e) アセトン（acetone）と酢酸エチル（ethyl acetate）

(f) o-キシレン（o-xylene）とナフタレン（naphthalene）

(g) ジメチルエーテル（dimethyl ether）とエタノール（ethanol）

① a，b，c　　② a，b，e　　③ a，e，g　　④ b，c，g

⑤ b，d，f　　⑥ b，d，g　　⑦ c，d，e　　⑧ c，d，g

⑨ d，e，f

問18 分子式（molecular formula）が $C_4H_{10}O$ で示される有機化合物 **A** がある。**A** はナトリウム Na と激しく反応し，水素 H_2 が発生する。また **A** を完全に酸化（oxidation）すると **B** が得られるが，**B** は酸性（acidic）を示さず，銀鏡反応（silver mirror reaction）も示さない。**A** の構造式（structural formula）として正しいものを，次の①〜⑥の中から一つ選びなさい。 $\boxed{18}$

① $CH_3-CH_2-CH_2-CH_2-OH$

② $CH_3-\overset{\underset{\textstyle|}{CH_3}}{CH}-CH_2-OH$

③ $CH_3-CH_2-\overset{\underset{\textstyle|}{CH_3}}{CH}-OH$

④ $CH_3-\overset{\overset{\textstyle CH_3}{|}}{\underset{\underset{\textstyle CH_3}{|}}{C}}-OH$

⑤ $CH_3-CH_2-CH_2-O-CH_3$

⑥ $CH_3-CH_2-O-CH_2-CH_3$

問19 アニリン（aniline），安息香酸（benzoic acid），ニトロベンゼン（nitrobenzene）とフェノール（phenol）を含むエーテル（ether）溶液がある。これらを分離するために，次の図に示すような操作をおこなった。

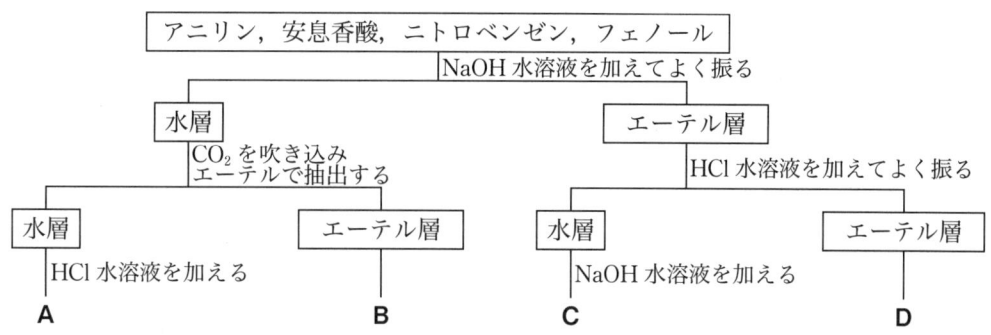

次の構造式（structural formula）(a)～(h)のうち，図中の**A**～**D**に当てはまる組み合わせとして正しいものを，下の①～⑧の中から一つ選びなさい。

19

(a) CH₃   (b) OH   (c) Cl   (d) NO₂

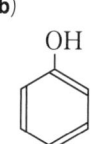
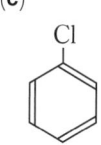

(e) NH₂   (f) CH=CH₂   (g) COOH   (h) SO₃H

	A	B	C	D
①	a	b	c	h
②	a	b	e	d
③	a	f	c	h
④	a	f	e	d
⑤	g	b	c	h
⑥	g	b	e	d
⑦	g	f	c	h
⑧	g	f	e	d

問20 次の(a)～(e)の合成高分子化合物（polymer compound）のうち，縮合重合（condensation polymerization）によって生成されるものが二つある。それらの組み合わせとして正しいものを，下の①～⑥の中から一つ選びなさい。 20

(a) ポリアクリロニトリル（polyacrylonitrile）

(b) ポリ酢酸ビニル（poly(vinyl acetate)）

(c) ナイロン66（6,6-nylon）

(d) ポリエチレンテレフタラート（poly(ethylene terephthalate)）

(e) ポリエチレン（polyethylene）

① a，b   ② a，d   ③ b，e

④ c，d   ⑤ c，e   ⑥ d，e

化学の問題はこれで終わりです。解答欄の 21 ～ 60 はマークしないでください。
解答用紙の解答科目欄に「化学」が正しくマークしてあるか，もう一度確かめてください。

生物

生
物

問 1 次の記述 **a ～ c** のうち, リボソーム (ribosome), ミトコンドリア (mitochondria), ゴルジ体 (Golgi body) のいずれかについて述べた文として正しい組み合わせを, 下の①～⑥の中から一つ選びなさい。 | 1 |

a 電子顕微鏡 (electron microscope) で見ると内膜 (inner membrane) と外膜 (outer membrane) の二重膜からなり, さらに内膜は内部に向かって突起がひだ状に出ている。

b 物質を分泌 (secretion) する細胞でとくに発達し, 電子顕微鏡で見ると一重膜の平たい袋が多数重なっていて, そのまわりに小胞 (vesicle) がある。

c 細胞質 (cytoplasm) 中にあるタンパク質合成の場となる小顆粒で, タンパク質と RNA の 2 種類の成分からできている。

	a	b	c
①	リボソーム	ミトコンドリア	ゴルジ体
②	リボソーム	ゴルジ体	ミトコンドリア
③	ミトコンドリア	リボソーム	ゴルジ体
④	ミトコンドリア	ゴルジ体	リボソーム
⑤	ゴルジ体	リボソーム	ミトコンドリア
⑥	ゴルジ体	ミトコンドリア	リボソーム

問 2 DNA を構成するヌクレオチド (nucleotide) の分子構成として正しいものを, 次の①～⑥の中から一つ選びなさい。 | 2 |

① 塩基 (base), リボース (ribose)　　　② 塩基, デオキシリボース (deoxyribose)

③ 塩基, ブドウ糖 (glucose)　　　　　④ 塩基, リボース, リン酸 (phosphate)

⑤ 塩基, デオキシリボース, リン酸　　⑥ 塩基, ブドウ糖, リン酸

問 3 DNA 合成は細胞周期 (cell cycle) のどの時期に行われるか。正しいものを, 次の①～④の中から一つ選びなさい。 | 3 |

① G_1 期　　　　　② G_2 期　　　　　③ S 期　　　　　④ M 期

問 4　次の図のグラフ①～④は，口腔（oral cavity）のアミラーゼ（amylase），胃（stomach）の
ペプシン（pepsin），すい臓（pancreas）のトリプシン（trypsin），肝臓（liver）のアルギ
ナーゼ（arginase）のいずれかの酵素反応速度（enzyme kinetics）と最適 pH（optimum pH）
の関係を示したものである。胃のペプシンの酵素反応速度と最適 pH の関係を示したグラフと
して最も適当なものを，図の①～④の中から一つ選びなさい。　　　　　　　　　　**4**

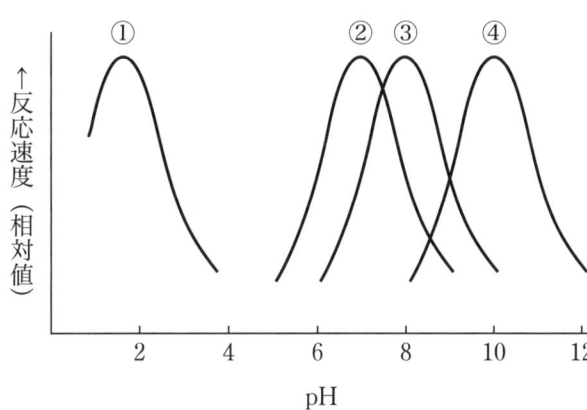

問 5　次の反応過程 **a**～**e** のうち，ATP の合成があるものとして正しい組み合わせを，下の①～
⑦の中から一つ選びなさい。　　　　　　　　　　**5**

a　カルビン・ベンソン回路（Calvin-Benson cycle）

b　解糖系（glycolysis）のグルコース（glucose）　→　ピルビン酸（pyruvic acid）

c　クエン酸回路（citric acid cycle）

d　乳酸発酵（lactic acid fermentation）のピルビン酸　→　乳酸（lactic acid）

e　アルコール発酵（alcohol fermentation）のピルビン酸　→　エタノール（ethanol）

①　**a**，**b**　　　　　　②　**a**，**c**　　　　　　③　**a**，**e**　　　　　　④　**b**，**c**

⑤　**b**，**d**　　　　　　⑥　**c**，**d**　　　　　　⑦　**d**，**e**

問6 緑色植物は次の図のように根（root）から吸収した無機窒素化合物（inorganic nitrogen compound）を用いて窒素同化（nitrogen assimilation）を行う。図の**a〜d**にあてはまる語句の正しい組み合わせを，下の①〜④の中から一つ選びなさい。　　6

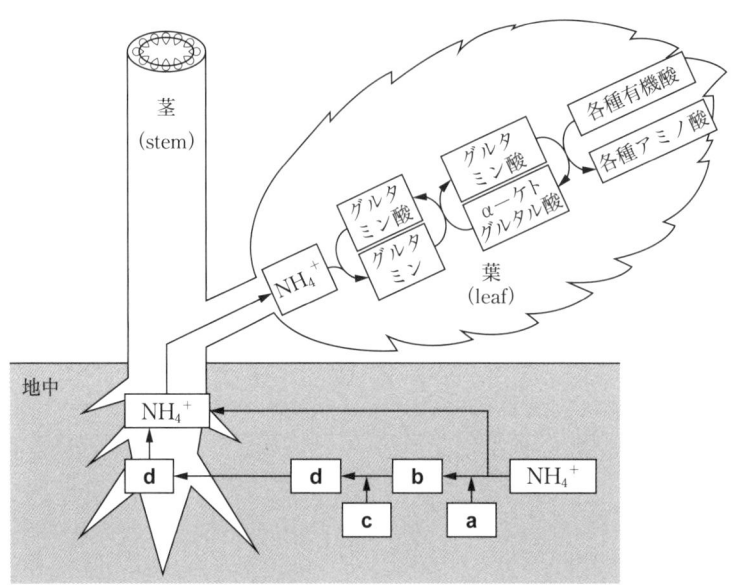

グルタミン酸（glutamic acid），グルタミン（glutamine），
α-ケトグルタル酸（α-ketoglutarate），アミノ酸（amino acid）

	a	b	c	d
①	硝酸菌 （nitrate forming bacteria）	NO_2^-	亜硝酸菌 （nitrite bacteria）	NO_3^-
②	硝酸菌	NO_3^-	亜硝酸菌	NO_2^-
③	亜硝酸菌	NO_2^-	硝酸菌	NO_3^-
④	亜硝酸菌	NO_3^-	硝酸菌	NO_2^-

問7 次の生物**a〜d**のうち，空気中に多く含まれている遊離窒素（N_2）の固定（fixation）を行っているものの組み合わせとして正しいものを，下の①〜⑥の中から一つ選びなさい。　　7

a 根粒菌（leguminous bacteria）　　　　　　　**b** 大腸菌（*Escherichia coli*）

c アゾトバクター（Azotobacter）　　　　　　　**d** コウジカビ（*Aspergillus oryzae*）

① **a**，**b**　　　　　　② **a**，**c**　　　　　　③ **a**，**d**

④ **b**，**c**　　　　　　⑤ **b**，**d**　　　　　　⑥ **c**，**d**

問 8　次の文は，トマトの交雑（cross）実験について述べたものである。文中の空欄 (i) ，

(ii) にあてはまる遺伝子型（genotype）の正しい組み合わせを，下の①〜⑨の中から一つ

選びなさい。　　　　　　　　　　　　　　　　　　　　　　　　　　　　　　　　 8

トマトの紫茎・切り込み葉（純系（pure line）ならば遺伝子型は *AABB*）の個体や，緑

茎・いも葉（遺伝子型は *aabb*）の個体など，いろいろな表現型（phenotype）の個体を用い

て交雑実験を行った。

いま，紫茎・切り込み葉 (i) と緑茎・切り込み葉 (ii) を両親として交雑実験を行った

ところ，次の代の表現型は，［紫茎・切り込み葉］：［紫茎・いも葉］：［緑茎・切り込み葉］：

［緑茎・いも葉］が 3：1：3：1 の比で生じた。

	(i)	(ii)
①	*AaBb*	*AaBb*
②	*AaBb*	*aaBb*
③	*AaBb*	*Aabb*
④	*AABb*	*AaBb*
⑤	*AABb*	*aaBb*
⑥	*AABb*	*Aabb*
⑦	*AaBB*	*AaBb*
⑧	*AaBB*	*aaBb*
⑨	*AaBB*	*Aabb*

問 9　ABO 式血液型（ABO blood group）で，A 型の夫（両親はいずれも A 型，兄は A 型，姉

は O 型）と B 型の妻（父は AB 型，母は B 型，妹は A 型）夫婦に，O 型の子どもが産まれ

る確率として最も適当なものを，次の①〜⑤の中から一つ選びなさい。　　　 9

①　75 %　　　　②　50 %　　　　③　25 %　　　　④　12.5 %　　　　⑤　8.3 %

問10 次の図は，イモリ（newt）の胞胚（blastula）表面における胚域の予定運命（presumptive fate）を示している。次の**a**〜**f**のうち，将来**A**の胚域から分化（differentiation）する器官（organ）として正しいものの組み合わせを，下の①〜⑦の中から一つ選びなさい。 10

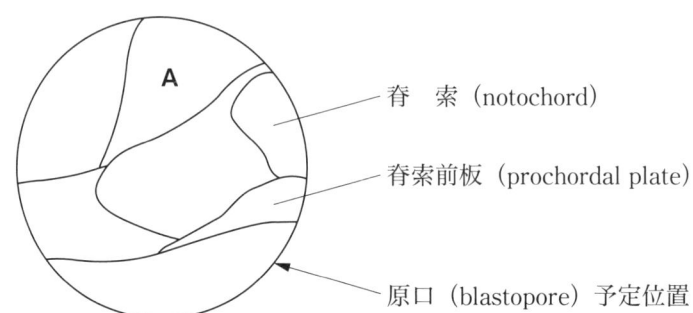

脊　索（notochord）

脊索前板（prochordal plate）

原口（blastopore）予定位置

a	肝臓（liver）	**b**	骨格筋（skeletal muscle）
c	網膜（retina）	**d**	肺（lung）
e	心臓（heart）	**f**	脊髄（spinal cord）

① **a，c**　　　② **a，e**　　　③ **b，d**　　　④ **b，e**

⑤ **c，f**　　　⑥ **d，e**　　　⑦ **d，f**

問11 発生のしくみを調べるために，次の図に示したようなカエル（frog）の胞胚（blastula）の分離実験（実験1，2）を行った。実験1および実験2で，中胚葉（mesoderm）性の組織に分化（differentiation）していくものを，下の①〜⑧の中から一つ選びなさい。 11

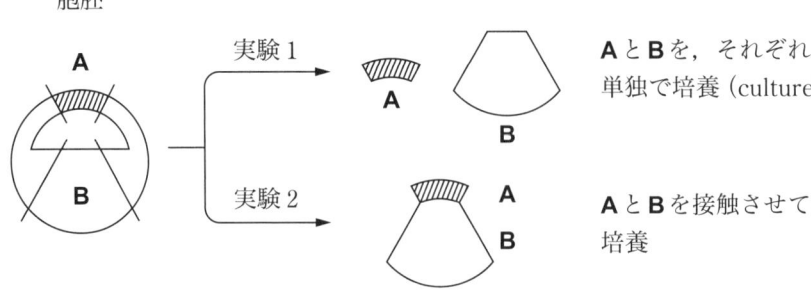

胞胚

実験1　**A**と**B**を，それぞれ単独で培養（culture）

実験2　**A**と**B**を接触させて培養

① 実験1の**A**　　　　　　　② 実験1の**B**

③ 実験2の**A**　　　　　　　④ 実験2の**B**

⑤ 実験1の**A**と実験2の**A**　　⑥ 実験1の**A**と実験2の**B**

⑦ 実験1の**B**と実験2の**A**　　⑧ 実験1の**B**と実験2の**B**

問12 次の**図1**は，体細胞分裂（somatic cell division）と減数分裂（meiosis）の過程で，一対の相同染色体（homologous chromosome）がそれぞれの細胞へ分配されるようすを示している。減数分裂では，相同染色体の一部に乗換え（crossing over）が生じている。また，2回の連続した分裂により，四つの娘細胞（daughter cell）ができる。**図2**は，細胞分裂（cell division）によって生じた細胞中の染色体（chromosome）を示している。**図1**の**Ⅰ～Ⅴ**に入るのは，**図2**の**a～e**のどれか。最も適当な組み合わせを，下の①～⑥の中から一つ選びなさい。 12

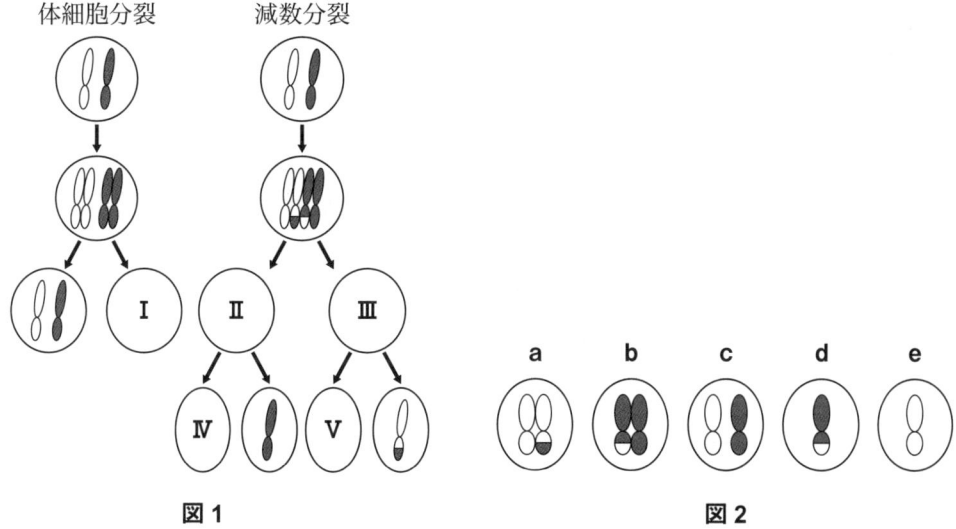

図1　　　　　　　　図2

	Ⅰ	Ⅱ	Ⅲ	Ⅳ	Ⅴ
①	a	b	c	d	e
②	a	b	c	e	d
③	b	c	a	d	e
④	b	c	a	e	d
⑤	c	b	a	d	e
⑥	c	b	a	e	d

問13 心拍数（heart rate）・血圧・胃（stomach）のぜん動運動に対する交感神経（sympathetic nerve）の作用について，促進または上昇を＋で，抑制または降下を－で表すとき，正しい組み合わせを，次の①〜⑧の中から一つ選びなさい。　　　　　　　　　　　　13

① ＋・－・－　　　　　② ＋・－・＋　　　　　③ ＋・＋・－

④ ＋・＋・＋　　　　　⑤ －・＋・＋　　　　　⑥ －・＋・－

⑦ －・－・＋　　　　　⑧ －・－・－

問14 次のホルモン（hormone）に関しての記述 a 〜 c は，それぞれどのホルモンについて述べたものか。正しい組み合わせを，下の①〜⑥の中から一つ選びなさい。　　　　　14

a すい臓（pancreas）のランゲルハンス島（Langerhans' islet）B 細胞から分泌（secretion）される。

b 副腎皮質（adrenal cortex）から分泌され，血糖値（blood glucose level）を増加する。

c 脳下垂体後葉（posterior pituitary）から分泌され，水分の再吸収を促進する。

	a	b	c
①	バソプレシン（vasopressin）	インスリン（insulin）	糖質コルチコイド（glucocorticoid）
②	バソプレシン	糖質コルチコイド	インスリン
③	インスリン	バソプレシン	糖質コルチコイド
④	インスリン	糖質コルチコイド	バソプレシン
⑤	糖質コルチコイド	バソプレシン	インスリン
⑥	糖質コルチコイド	インスリン	バソプレシン

問15 抗体（antibody）について述べた文として正しいものを，次の①〜⑤の中から一つ選びなさい。　　　　　15

① 抗体は，アルブミン（albumin）と呼ばれるタンパク質である。

② 抗体は，多種類の抗原（antigen）と同時に反応する機能的なタンパク質である。

③ 抗体は分子量の大きい L 鎖（L chain）と小さい H 鎖（H chain）により構成されている。

④ 抗体と抗原（antigen）が反応する部分は，抗体の可変部（variable region）である。

⑤ 短期間に同じ抗原が侵入した場合，2 回目は最初に比べて抗体産生の応答が遅くなる。

問 16 副交感神経（parasympathetic nerve）から分泌（secretion）されるホルモン（hormone）として正しいものを，次の①〜⑦の中から一つ選びなさい。 16

① インスリン（insulin）

② 鉱質コルチコイド（mineralcorticoid）

③ オキシトシン（oxytocin）

④ チロキシン（thyroxine）

⑤ バソプレシン（vasopressin）

⑥ アセチルコリン（acetylcholine）

⑦ ノルアドレナリン（noradrenalin）

問 17 幼葉鞘（coleoptile）に対するオーキシン（auxin）の作用を調べるために，マカラスムギ（oat）を暗室内で発芽（germination）させ，次の図のように幼葉鞘の先端部近くに雲母（mica）片をそれぞれ差し込んで**A〜E**の実験を行った。**A〜E**のうち，左に屈曲したものとして正しい組み合わせを，下の①〜⑥の中から一つ選びなさい。 17

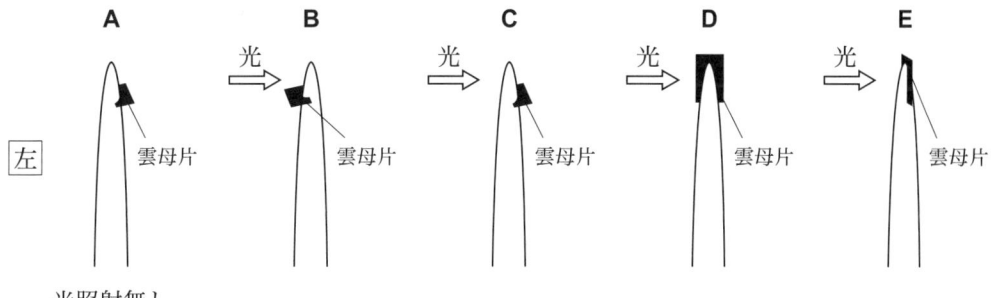

光照射無し

① A，B

② A，E

③ B，D

④ B，E

⑤ C，D

⑥ C，E

問18 次の図は，世界の陸上のバイオーム（terrestrial biome）と年間降水量（annual precipitation）と年平均気温（annual mean temperature）との関係を示している。図中の**A**～**C**にあてはまるバイオームの組み合わせとして正しいものを，下の①～⑥の中から一つ選びなさい。 18

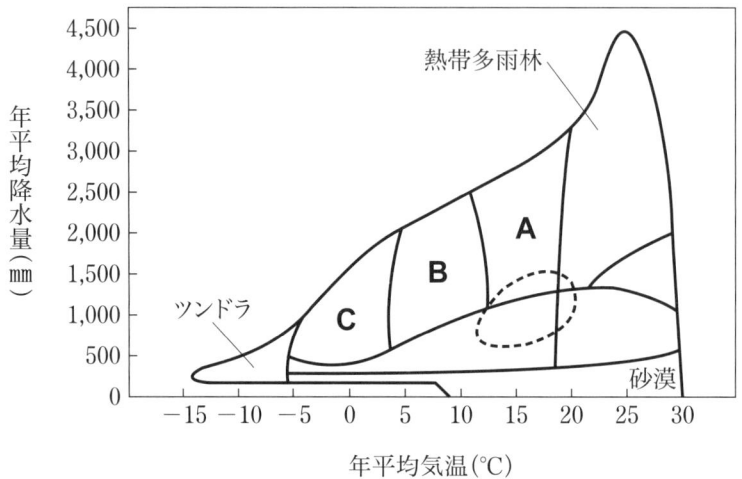

熱帯多雨林（tropical rain forest），ツンドラ（tundra），砂漠（desert）

	A	B	C
①	夏緑樹林 (summer-green forest)	照葉樹林 (laurel forest)	針葉樹林 (coniferous forest)
②	照葉樹林	夏緑樹林	針葉樹林
③	針葉樹林	照葉樹林	夏緑樹林
④	照葉樹林	針葉樹林	夏緑樹林
⑤	夏緑樹林	針葉樹林	照葉樹林
⑥	針葉樹林	夏緑樹林	照葉樹林

生物の問題はこれで終わりです。解答欄の 19 ～ 60 はマークしないでください。
解答用紙の解答科目欄に「生物」が正しくマークしてあるか，もう一度確かめてください。

数 学

$\boxed{8\,0\,分}$

【コース 2（上級）】

（注意）

1．係員の許可なしに，部屋の外に出ることはできません。

2．試験開始の合図があるまで，この問題冊子の中を見ないでください。

3．試験開始の合図があったら，下の欄に，受験番号と名前を記入してください。

4．足りないページがあったら，手をあげて知らせてください。

5．メモや計算などを書く場合は，問題冊子に書いてください。

6．解答は，解答用紙に鉛筆（HB）で記入してください。

7．問題文中の **A**，**B**，**C**，…には，それぞれ－（マイナスの符号），または，0 から 9 までの数が一つずつ入ります。適するものを選び，解答用紙（マークシート）の対応する解答欄にマークしてください。

8．同一の問題文中に $\boxed{\text{A}}$ ，$\boxed{\text{BC}}$ などが繰り返し現れる場合，2 度目以降は，$\boxed{\text{A}}$ ，$\boxed{\text{BC}}$ のように表しています。

9．解答に関する記入上の注意

① 根号（$\sqrt{}$）の中に現れる自然数が最小となる形で答えてください。

（例：$\sqrt{32}$ のときは，$2\sqrt{8}$ ではなく $4\sqrt{2}$ と答えます。）

② 分数を答えるときは，符号は分子につけ，既約分数（reduced fraction）にして答えてください。

（例：$\dfrac{2}{8}$ は $\dfrac{1}{4}$，$-\dfrac{3}{\sqrt{6}}$ は $\dfrac{-\sqrt{6}}{2}$ と答えます。）

③ $\dfrac{\boxed{\text{AB}}\sqrt{\boxed{\text{C}}}}{\boxed{\text{D}}}$ に $\dfrac{-4\sqrt{2}}{3}$ と答える場合は，下のようにマークしてください。

【解答用紙】

A	●	⓪	①	②	③	④	⑤	⑥	⑦	⑧	⑨
B	－	⓪	①	②	③	●	⑤	⑥	⑦	⑧	⑨
C	－	⓪	①	●	③	④	⑤	⑥	⑦	⑧	⑨
D	－	⓪	①	②	●	④	⑤	⑥	⑦	⑧	⑨

※試験開始の合図後に，必ず受験番号と名前を記入してください。

受験番号	名　前

数学 コース2
（上級コース）

「解答コース」記入方法

　解答コースには「コース1」と「コース2」がありますので，どちらかのコースを一つだけ選んで解答してください。

（解答用紙記入例）

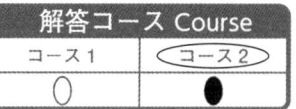

　「コース2」を解答する場合は，右のように，解答用紙の「解答コース」の「コース2」を○で囲み，さらにその下のマーク欄をマークしてください。

選択したコースを正しくマークしないと，採点されません。

I

問1 放物線

$$y = 3x^2 - 12x + 8$$

を C とする。

(1) C の頂点の座標は ($\boxed{\text{A}}$, $\boxed{\text{BC}}$) である。

また，C を x 軸方向に平行移動した曲線が y 軸について対称な曲線となるためには，C を x 軸方向に $\boxed{\text{DE}}$ だけ平行移動すればよい。

(2) a を実数とし，C を x 軸方向に a，y 軸方向に a^2 だけ平行移動した曲線を C' とする。C' と y 軸との交点の座標は (0, $\boxed{\text{F}}\,a^2 +$ $\boxed{\text{GH}}\,a +$ $\boxed{\text{I}}$) であり，C' と y 軸との交点の y 座標の最小値は $\boxed{\text{JK}}$ である。

また，C' が第1象限，第2象限，第4象限を通るが第3象限を通らないとき，a の値の範囲は

$$\boxed{\text{LM}} \leqq a < \boxed{\text{N}}$$

である。ただし，座標軸はどの象限にも含まれない。

― 計算欄 (memo) ―

問2 箱の中に 0, 1, 2 が書かれたカードが 1 枚ずつと，－1 が書かれたカードが 2 枚の全部で 5 枚のカードが入っている。この箱の中からカードを 1 枚取り出し，元に戻すという試行を繰り返し行う。ただし，どのカードが取り出されることも同様に確からしいものとする。

(1) カードを 2 回取り出したとき，引いたカードに書かれた数字の積が 1 である確率は $\dfrac{\boxed{O}}{\boxed{P}}$ である。

(2) カードを 3 回取り出したとき，引いたカードに書かれた数字の積が 2 である確率は $\dfrac{\boxed{Q}}{\boxed{R}\boxed{S}}$ である。

(3) カードを 3 回取り出したとき，引いたカードに書かれた数字の積が 0 である確率は $\dfrac{\boxed{T}\boxed{U}}{\boxed{V}\boxed{W}\boxed{X}}$ である。

(4) カードを 3 回取り出したとき，引いたカードに書かれた数字の和が 0 である確率は $\dfrac{\boxed{Y}}{\boxed{Z}}$ である。

― 計算欄（memo）―

$\boxed{\text{I}}$ の問題はこれで終わりです。

II

問1 図のような規則で 1, 2, 3, … と自然数を
マス目に書いてマス目を埋めていく。左の列
から1列目，2列目，3列目，…とし，上の
行から1行目，2行目，3行目，…とする。
また，m 列目の n 行目の数を $a_{m,n}$ とする。
例えば，図より $a_{2,1}=3$，$a_{3,2}=9$ である。

	1列目	2列目	3列目	4列目	5列目	…
1行目	1	3	6	10	15	
2行目	2	5	9	14		…
3行目	4	8	13			…
4行目	7	12				
5行目	11					
⋮			⋮			⋱

(1) $a_{6,1}=\boxed{\text{AB}}$ であり

$$a_{m,1}=\frac{\boxed{\text{C}}}{\boxed{\text{D}}}\,m(m+\boxed{\text{E}})$$

である。また

$$a_{1,n}=\frac{\boxed{\text{C}}}{\boxed{\text{D}}}\,(n^2-n+\boxed{\text{F}})$$

である。

(2) i, j を自然数とする。$a_{i,j}=100$ となる i, j の値を求めよう。

$a_{1,n} \leqq 100 < a_{1,n+1}$ を満たす n の値を求めると $n=\boxed{\text{GH}}$ である。

このとき，$a_{1,n}=\boxed{\text{IJ}}$ であるから，$a_{i,j}=100$ となる i, j の値は

$$i=\boxed{\text{K}}, \quad j=\boxed{\text{L}}$$

である。

(3) k を自然数とすると

$$a_{k,k}=\boxed{\text{M}}\,k^2-\boxed{\text{N}}\,k+\boxed{\text{O}}$$

である。

— 計算欄（memo）—

問 2 xy 平面上の楕円 C_1 の方程式を

$$C_1 : 4x^2 + 9y^2 = 36$$

とし，C_1 と x 軸の正の部分との交点を A，C_1 と y 軸の正の部分との交点を B とする。

(1) A の座標は ($\boxed{\text{P}}$, 0)，B の座標は (0, $\boxed{\text{Q}}$) である。

(2) 点 P(s, t) を C_1 上の点とする。ただし，$t \neq 0$ とする。点 P における C_1 の接線を ℓ とする

と，ℓ の傾きは $\dfrac{\boxed{\text{R}}\ \boxed{\text{S}}}{\boxed{\text{T}}}\dfrac{s}{t}$ であり，ℓ が直線 AB と平行であるとき

$$s = \frac{\boxed{\text{U}}}{\boxed{\text{V}}}\, t$$

である。

したがって，三角形 ABP の面積の最大値は $\boxed{\text{W}}\sqrt{\boxed{\text{X}}} + \boxed{\text{Y}}$ である。

― 計算欄（memo）―

Ⅱ の問題はこれで終わりです。 Ⅱ の解答欄 **Z** はマークしないでください。

III

$0 \leqq x \leqq \pi$ を定義域とする関数

$$f(x) = 8\sin^3 x + 8\cos^3 x + \sin 2x - 8\sin x - 8\cos x$$

について考えよう。

(1) $t = \sin x + \cos x$ とおく。

このとき $t = \sqrt{\boxed{\text{A}}} \sin\left(x + \dfrac{\boxed{\text{B}}}{\boxed{\text{C}}}\pi\right)$ であり，$0 \leqq x \leqq \pi$ から

$$\boxed{\text{DE}} \leqq t \leqq \sqrt{\boxed{\text{F}}}$$

である。ただし $0 \leqq \dfrac{\boxed{\text{B}}}{\boxed{\text{C}}}\pi < 2\pi$ となるように答えなさい。

また

$$\sin 2x = t^2 - \boxed{\text{G}}, \quad \sin^3 x + \cos^3 x = -\dfrac{\boxed{\text{H}}}{\boxed{\text{I}}}\left(t^3 - \boxed{\text{J}}\,t\right)$$

であるから，$f(x)$ を t の式で表すと

$$f(x) = -\boxed{\text{K}}\,t^3 + t^2 + \boxed{\text{L}}\,t - \boxed{\text{M}}$$

である。

(2) $g(t) = -\boxed{\text{K}}\,t^3 + t^2 + \boxed{\text{L}}\,t - \boxed{\text{M}}$ とする。

このとき

$$g'(t) = -\boxed{\text{N}}\left(\boxed{\text{O}}\,t + \boxed{\text{P}}\right)\left(\boxed{\text{Q}}\,t - \boxed{\text{R}}\right)$$

である。

(3) $t = \sqrt{\boxed{A}}\sin\left(x + \dfrac{\boxed{B}}{\boxed{C}}\pi\right)$ のグラフについて考えると，$\boxed{S} \leqq t < \sqrt{\boxed{T}}$ のとき

$t = \sin x + \cos x$ を満たす x の個数は 2 個であることがわかる。

したがって，a を定数とするとき，x についての方程式 $f(x) = a$ の解の個数の最大値は $\boxed{U}$ 個

であり，方程式 $f(x) = a$ が解を $\boxed{U}$ 個もつ a の値の範囲は

$$\dfrac{\boxed{VW}}{\boxed{X}} < a \leqq \boxed{Y}$$

である。

$\boxed{\text{III}}$ の問題はこれで終わりです。$\boxed{\text{III}}$ の解答欄 $\boxed{Z}$ はマークしないでください。

IV

曲線 $y = \sqrt{x} \log x$ を C とする。また，曲線 C 上の点で x 座標が e^6 である点を A とし，A における C の接線を ℓ とする。ただし，log を自然対数とし，e を自然対数の底とする。

(1) 関数 $y = \sqrt{x} \log x$ の導関数 y' は

$$y' = \frac{\log x + \boxed{A}}{\boxed{B} \sqrt{x}}$$

であるので，接線 ℓ の方程式は

$$y = \frac{\boxed{C}}{e^{\boxed{D}}} x + \boxed{E}\, e^{\boxed{F}}$$

である。

(2) 不定積分 $\int \sqrt{x} \log x\, dx$ を求めると

$$\int \sqrt{x} \log x\, dx = \frac{\boxed{G}}{\boxed{H}} x^{\frac{\boxed{I}}{\boxed{J}}} \left(\log x - \frac{\boxed{K}}{\boxed{L}} \right) + C \qquad （C は積分定数）$$

である。

(3) 曲線 C と接線 ℓ および x 軸によって囲まれる部分を D とする。

D の面積は $\dfrac{\boxed{MN}}{\boxed{OP}} e^{\boxed{Q}} - \dfrac{\boxed{R}}{\boxed{S}}$ であり，D を x 軸の周りに 1 回転してできる立体の

体積は $\left(\dfrac{\boxed{TU}}{\boxed{V}} e^{\boxed{WX}} + \dfrac{\boxed{Y}}{\boxed{Z}} \right) \pi$ である。

― 計算欄（memo）―

IV の問題はこれで終わりです。

コース 2 の問題はこれですべて終わりです。解答用紙の V はマークしないでください。

解答用紙の解答コース欄に「コース 2」が正しくマークしてあるか，もう一度確かめて
ください。

일본어 「청해」「청독해」 음성파일은
아래 링크에서 다운로드 할 수 있습니다.

http://www.hed.co.kr/03_publish.php

일본유학시험(EJU)대비
실전트레이닝 모의고사 이과편 vol.1

발행일	2023년 1월 30일 초판 제1쇄
편저자	코치학원 주식회사
발행인	송부영
발행처	(주)해외교육사업단
출판등록	제16-1456호
주소	서울시 서초구 강남대로 381
전화	02-736-1010
이메일	song@hed.co.kr
홈페이지	www.hedgroup.co.kr

*본사에서는 소중한 원고, 새로운 기획의 제안을 기다리고 있습니다.

*이 책은 저작권법에 의해 보호를 받는 저작물이므로 무단 전재와 복제를 금합니다.

*잘못된 책은 구입하신 서점이나 본사에서 교환해드립니다.

日本語「記述」解答用紙

名　前 Name	

テーマの番号 Theme No.	1	2

← 1または2のどちらかを選び，〇で囲んでください。

横書きで書いてください。 ➡

20
40
60
80
100
120
140
160
180
200
220
240
260
280
300
320
340
360
380
400
420
440
460
480
500

실전모의고사

日本語　解答用紙

名前
Name

聴　解・聴　読　解
Listening and Listening-Reading Comprehension

聴読解 Listening-Reading Comprehension

解答番号	解答欄 Answer 1 2 3 4
練習	① ② ③ ④
1	① ② ③ ④
2	① ② ③ ④
3	① ② ③ ④
4	① ② ③ ④
5	① ② ③ ④
6	① ② ③ ④
7	① ② ③ ④
8	① ② ③ ④
9	① ② ③ ④
10	① ② ③ ④
11	① ② ③ ④
12	① ② ③ ④

聴解 Listening Comprehension

解答番号	解答 Answer	解答欄 Answer 1 2 3 4
練習	正しい / 正しくない	① ② ③ ④
13	正しい / 正しくない	① ② ③ ④
14	正しい / 正しくない	① ② ③ ④
15	正しい / 正しくない	① ② ③ ④
16	正しい / 正しくない	① ② ③ ④
17	正しい / 正しくない	① ② ③ ④
18	正しい / 正しくない	① ② ③ ④
19	正しい / 正しくない	① ② ③ ④
20	正しい / 正しくない	① ② ③ ④
21	正しい / 正しくない	① ② ③ ④
22	正しい / 正しくない	① ② ③ ④
23	正しい / 正しくない	① ② ③ ④
24	正しい / 正しくない	① ② ③ ④
25	正しい / 正しくない	① ② ③ ④
26	正しい / 正しくない	① ② ③ ④
27	正しい / 正しくない	① ② ③ ④

読解
Reading Comprehension

解答番号	解答欄 Answer 1 2 3 4
1	① ② ③ ④
2	① ② ③ ④
3	① ② ③ ④
4	① ② ③ ④
5	① ② ③ ④
6	① ② ③ ④
7	① ② ③ ④
8	① ② ③ ④
9	① ② ③ ④
10	① ② ③ ④
11	① ② ③ ④
12	① ② ③ ④
13	① ② ③ ④
14	① ② ③ ④
15	① ② ③ ④
16	① ② ③ ④
17	① ② ③ ④
18	① ② ③ ④
19	① ② ③ ④
20	① ② ③ ④
21	① ② ③ ④
22	① ② ③ ④
23	① ② ③ ④
24	① ② ③ ④
25	① ② ③ ④

注意事項 Note

1. 必ず鉛筆（HB）で記入してください。
2. この解答用紙を汚したり折ったりしてはいけません。
3. マークは下のよい例のように○わく内を完全にぬりつぶしてください。

よい例	悪い例
⬤	⊗ ⦸ ◐ ◑ ◓

4. 訂正する場合はプラスチック消しゴムで完全に消し、消しくずを残してはいけません。
5. 所定の欄以外には何も書いてはいけません。
6. この解答用紙はすべて機械で処理しますので、以上の1から5までが守られていないと採点されません。

243

실전모의고사

理科 解答用紙

名 前
Name

【よい例】

解 答 科 目		
物 理 Physics	化 学 Chemistry	生 物 Biology
●	○	○

【悪い例】

解 答 科 目		
物 理 Physics	化 学 Chemistry	生 物 Biology
○	○	○

解 答 科 目		
物 理 Physics	化 学 Chemistry	生 物 Biology
○	○	○

注意事項 Note

よい例	悪い例			
●	⊗	⊘	◐	⬭

1. 必ず鉛筆 (HB) で記入してください。
2. この解答用紙を汚したり折ったりしてはいけません。
3. マークは下のよい例のようにわく内を完全にぬりつぶしてください。
4. 訂正する場合はプラスチック消しゴムで完全に消し、消しくず を残してはいけません。
5. 所定の欄以外には何も書いてはいけません。
6. この解答用紙はすべて機械で処理しますので、以上の①から⑤までが守られていないと採点されません。

解答用紙のこの面に解答する科目を、一つ選んで○で囲み、その下のマーク欄をマークしてください。

解 答 科 目		
物 理 Physics	化 学 Chemistry	生 物 Biology
○	○	○

解答番号 1〜20

解答番号	解 答 欄 Answer 1 2 3 4 5 6 7 8 9
1	① ② ③ ④ ⑤ ⑥ ⑦ ⑧ ⑨
2	① ② ③ ④ ⑤ ⑥ ⑦ ⑧ ⑨
3	① ② ③ ④ ⑤ ⑥ ⑦ ⑧ ⑨
4	① ② ③ ④ ⑤ ⑥ ⑦ ⑧ ⑨
5	① ② ③ ④ ⑤ ⑥ ⑦ ⑧ ⑨
6	① ② ③ ④ ⑤ ⑥ ⑦ ⑧ ⑨
7	① ② ③ ④ ⑤ ⑥ ⑦ ⑧ ⑨
8	① ② ③ ④ ⑤ ⑥ ⑦ ⑧ ⑨
9	① ② ③ ④ ⑤ ⑥ ⑦ ⑧ ⑨
10	① ② ③ ④ ⑤ ⑥ ⑦ ⑧ ⑨
11	① ② ③ ④ ⑤ ⑥ ⑦ ⑧ ⑨
12	① ② ③ ④ ⑤ ⑥ ⑦ ⑧ ⑨
13	① ② ③ ④ ⑤ ⑥ ⑦ ⑧ ⑨
14	① ② ③ ④ ⑤ ⑥ ⑦ ⑧ ⑨
15	① ② ③ ④ ⑤ ⑥ ⑦ ⑧ ⑨
16	① ② ③ ④ ⑤ ⑥ ⑦ ⑧ ⑨
17	① ② ③ ④ ⑤ ⑥ ⑦ ⑧ ⑨
18	① ② ③ ④ ⑤ ⑥ ⑦ ⑧ ⑨
19	① ② ③ ④ ⑤ ⑥ ⑦ ⑧ ⑨
20	① ② ③ ④ ⑤ ⑥ ⑦ ⑧ ⑨

解答番号 21〜40

解答番号	解 答 欄 Answer 1 2 3 4 5 6 7 8 9
21	① ② ③ ④ ⑤ ⑥ ⑦ ⑧ ⑨
22	① ② ③ ④ ⑤ ⑥ ⑦ ⑧ ⑨
23	① ② ③ ④ ⑤ ⑥ ⑦ ⑧ ⑨
24	① ② ③ ④ ⑤ ⑥ ⑦ ⑧ ⑨
25	① ② ③ ④ ⑤ ⑥ ⑦ ⑧ ⑨
26	① ② ③ ④ ⑤ ⑥ ⑦ ⑧ ⑨
27	① ② ③ ④ ⑤ ⑥ ⑦ ⑧ ⑨
28	① ② ③ ④ ⑤ ⑥ ⑦ ⑧ ⑨
29	① ② ③ ④ ⑤ ⑥ ⑦ ⑧ ⑨
30	① ② ③ ④ ⑤ ⑥ ⑦ ⑧ ⑨
31	① ② ③ ④ ⑤ ⑥ ⑦ ⑧ ⑨
32	① ② ③ ④ ⑤ ⑥ ⑦ ⑧ ⑨
33	① ② ③ ④ ⑤ ⑥ ⑦ ⑧ ⑨
34	① ② ③ ④ ⑤ ⑥ ⑦ ⑧ ⑨
35	① ② ③ ④ ⑤ ⑥ ⑦ ⑧ ⑨
36	① ② ③ ④ ⑤ ⑥ ⑦ ⑧ ⑨
37	① ② ③ ④ ⑤ ⑥ ⑦ ⑧ ⑨
38	① ② ③ ④ ⑤ ⑥ ⑦ ⑧ ⑨
39	① ② ③ ④ ⑤ ⑥ ⑦ ⑧ ⑨
40	① ② ③ ④ ⑤ ⑥ ⑦ ⑧ ⑨

解答番号 41〜60

解答番号	解 答 欄 Answer 1 2 3 4 5 6 7 8 9
41	① ② ③ ④ ⑤ ⑥ ⑦ ⑧ ⑨
42	① ② ③ ④ ⑤ ⑥ ⑦ ⑧ ⑨
43	① ② ③ ④ ⑤ ⑥ ⑦ ⑧ ⑨
44	① ② ③ ④ ⑤ ⑥ ⑦ ⑧ ⑨
45	① ② ③ ④ ⑤ ⑥ ⑦ ⑧ ⑨
46	① ② ③ ④ ⑤ ⑥ ⑦ ⑧ ⑨
47	① ② ③ ④ ⑤ ⑥ ⑦ ⑧ ⑨
48	① ② ③ ④ ⑤ ⑥ ⑦ ⑧ ⑨
49	① ② ③ ④ ⑤ ⑥ ⑦ ⑧ ⑨
50	① ② ③ ④ ⑤ ⑥ ⑦ ⑧ ⑨
51	① ② ③ ④ ⑤ ⑥ ⑦ ⑧ ⑨
52	① ② ③ ④ ⑤ ⑥ ⑦ ⑧ ⑨
53	① ② ③ ④ ⑤ ⑥ ⑦ ⑧ ⑨
54	① ② ③ ④ ⑤ ⑥ ⑦ ⑧ ⑨
55	① ② ③ ④ ⑤ ⑥ ⑦ ⑧ ⑨
56	① ② ③ ④ ⑤ ⑥ ⑦ ⑧ ⑨
57	① ② ③ ④ ⑤ ⑥ ⑦ ⑧ ⑨
58	① ② ③ ④ ⑤ ⑥ ⑦ ⑧ ⑨
59	① ② ③ ④ ⑤ ⑥ ⑦ ⑧ ⑨
60	① ② ③ ④ ⑤ ⑥ ⑦ ⑧ ⑨

실전모의고사
理科　解答用紙

解答用紙のこの面に解答する科目を、一つ選んで〇で囲み、
その下のマーク欄をマークしてください。

解答科目		
物理 Physics	化学 Chemistry	生物 Biology
○	○	○

解答欄 Answer（解答番号 1〜20）

解答番号	1	2	3	4	5	6	7	8	9
1	①	②	③	④	⑤	⑥	⑦	⑧	⑨
2	①	②	③	④	⑤	⑥	⑦	⑧	⑨
3	①	②	③	④	⑤	⑥	⑦	⑧	⑨
4	①	②	③	④	⑤	⑥	⑦	⑧	⑨
5	①	②	③	④	⑤	⑥	⑦	⑧	⑨
6	①	②	③	④	⑤	⑥	⑦	⑧	⑨
7	①	②	③	④	⑤	⑥	⑦	⑧	⑨
8	①	②	③	④	⑤	⑥	⑦	⑧	⑨
9	①	②	③	④	⑤	⑥	⑦	⑧	⑨
10	①	②	③	④	⑤	⑥	⑦	⑧	⑨
11	①	②	③	④	⑤	⑥	⑦	⑧	⑨
12	①	②	③	④	⑤	⑥	⑦	⑧	⑨
13	①	②	③	④	⑤	⑥	⑦	⑧	⑨
14	①	②	③	④	⑤	⑥	⑦	⑧	⑨
15	①	②	③	④	⑤	⑥	⑦	⑧	⑨
16	①	②	③	④	⑤	⑥	⑦	⑧	⑨
17	①	②	③	④	⑤	⑥	⑦	⑧	⑨
18	①	②	③	④	⑤	⑥	⑦	⑧	⑨
19	①	②	③	④	⑤	⑥	⑦	⑧	⑨
20	①	②	③	④	⑤	⑥	⑦	⑧	⑨

解答欄 Answer（解答番号 21〜40）

解答番号	1	2	3	4	5	6	7	8	9
21	①	②	③	④	⑤	⑥	⑦	⑧	⑨
22	①	②	③	④	⑤	⑥	⑦	⑧	⑨
23	①	②	③	④	⑤	⑥	⑦	⑧	⑨
24	①	②	③	④	⑤	⑥	⑦	⑧	⑨
25	①	②	③	④	⑤	⑥	⑦	⑧	⑨
26	①	②	③	④	⑤	⑥	⑦	⑧	⑨
27	①	②	③	④	⑤	⑥	⑦	⑧	⑨
28	①	②	③	④	⑤	⑥	⑦	⑧	⑨
29	①	②	③	④	⑤	⑥	⑦	⑧	⑨
30	①	②	③	④	⑤	⑥	⑦	⑧	⑨
31	①	②	③	④	⑤	⑥	⑦	⑧	⑨
32	①	②	③	④	⑤	⑥	⑦	⑧	⑨
33	①	②	③	④	⑤	⑥	⑦	⑧	⑨
34	①	②	③	④	⑤	⑥	⑦	⑧	⑨
35	①	②	③	④	⑤	⑥	⑦	⑧	⑨
36	①	②	③	④	⑤	⑥	⑦	⑧	⑨
37	①	②	③	④	⑤	⑥	⑦	⑧	⑨
38	①	②	③	④	⑤	⑥	⑦	⑧	⑨
39	①	②	③	④	⑤	⑥	⑦	⑧	⑨
40	①	②	③	④	⑤	⑥	⑦	⑧	⑨

解答欄 Answer（解答番号 41〜60）

解答番号	1	2	3	4	5	6	7	8	9
41	①	②	③	④	⑤	⑥	⑦	⑧	⑨
42	①	②	③	④	⑤	⑥	⑦	⑧	⑨
43	①	②	③	④	⑤	⑥	⑦	⑧	⑨
44	①	②	③	④	⑤	⑥	⑦	⑧	⑨
45	①	②	③	④	⑤	⑥	⑦	⑧	⑨
46	①	②	③	④	⑤	⑥	⑦	⑧	⑨
47	①	②	③	④	⑤	⑥	⑦	⑧	⑨
48	①	②	③	④	⑤	⑥	⑦	⑧	⑨
49	①	②	③	④	⑤	⑥	⑦	⑧	⑨
50	①	②	③	④	⑤	⑥	⑦	⑧	⑨
51	①	②	③	④	⑤	⑥	⑦	⑧	⑨
52	①	②	③	④	⑤	⑥	⑦	⑧	⑨
53	①	②	③	④	⑤	⑥	⑦	⑧	⑨
54	①	②	③	④	⑤	⑥	⑦	⑧	⑨
55	①	②	③	④	⑤	⑥	⑦	⑧	⑨
56	①	②	③	④	⑤	⑥	⑦	⑧	⑨
57	①	②	③	④	⑤	⑥	⑦	⑧	⑨
58	①	②	③	④	⑤	⑥	⑦	⑧	⑨
59	①	②	③	④	⑤	⑥	⑦	⑧	⑨
60	①	②	③	④	⑤	⑥	⑦	⑧	⑨

【よい例】

解答科目		
物理 Physics	化学 Chemistry	生物 Biology
○	●	○

【悪い例】

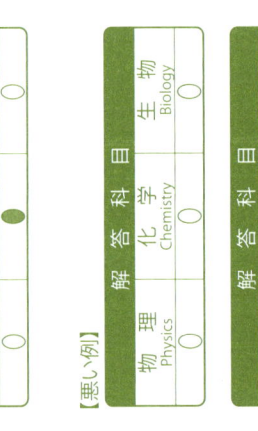

解答科目		
物理 Physics	化学 Chemistry	生物 Biology
○	○	○

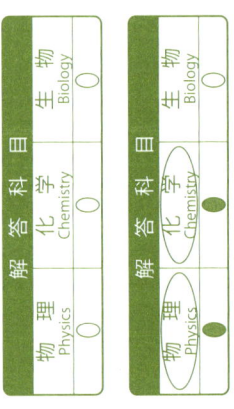

解答科目		
物理 Physics	化学 Chemistry	生物 Biology
●	●	○

실전모의고사

数学 解答用紙

解答するコースを一つ○で囲み、その下のマーク欄をマークしてください。

解答コース Course

コース1	コース2
○	○

I

解答記号	解答欄 Answer
A〜Z	− 0 1 2 3 4 5 6 7 8 9

II

解答記号	解答欄 Answer
A〜Z	− 0 1 2 3 4 5 6 7 8 9

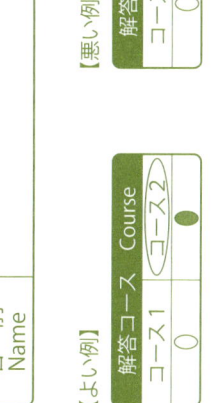

名　前
Name

【よい例】

解答コース Course

コース1	コース2
○	●

【悪い例】

解答コース Course

コース1	コース2
○	○

解答コース Course

コース1	コース2
●	●

注意事項 Note

1. 必ず鉛筆（HB）で記入してください。
2. この解答用紙を汚したり折ったりしてはいけません。
3. マークは下のよい例のように○わく内を完全にぬりつぶしてください。

よい例 ●　悪い例 ⊗ ◔ ◒ ◉ ○

4. 訂正する場合はプラスチック消しゴムで完全に消し、消しくずを残してはいけません。
5. 所定の欄以外には何も書いてはいけません。
6. III、IV、Vの解答欄は裏面にあります。
7. この解答用紙はすべて機械で処理しますので、以下の1から6までが守られていないと採点されません。

실전모의고사
数学　解答用紙

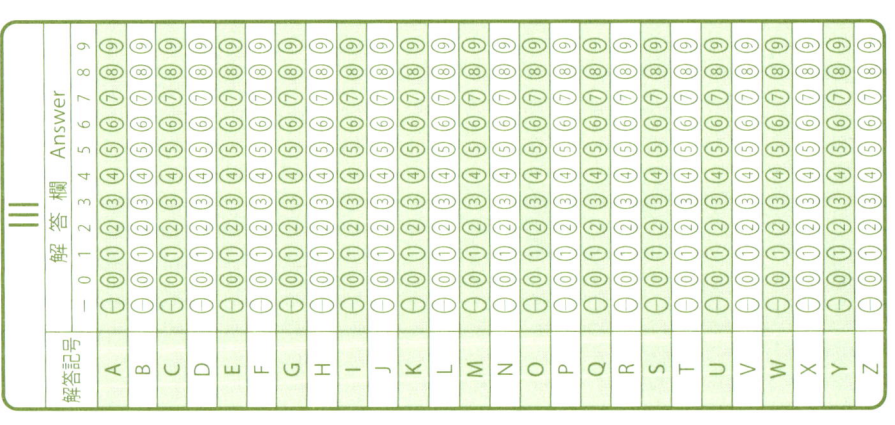

코치학원교육총서

EXAMINATION FOR JAPANESE UNIVERSITY ADMISSION
FOR INTERNATIONAL STUDENTS

일본유학시험대비

실전트레이닝 모의고사

이과편 vol.1

별책 : 정답과 해설

목차   **실전모의고사 제1회**

일본어 ···························· 2

이과 ···························· 49

수학 ···························· 69

실전모의고사 제2회

일본어 ···························· 74

이과 ···························· 121

수학 ···························· 141

글로벌 인재육성, 1984년설립
HED (주)해외교육사업단